U0149117

《欽定金史語解》探索

莊 吉 發 著

滿 語 叢 刊
文史哲出版社印行

國家圖書館出版品預行編目資料

《欽定金史語解》探索 / 莊吉發著. -- 初版.
-- 臺北市：文史哲出版社, 民 112.12
面 ： 公分 --（滿語叢刊；56）
ISBN 978-986-314-660-5（平裝）

1.CST：滿語 2.CST：讀本

802.918 112022271

滿 語 叢 刊 56

《欽定金史語解》探索

著 者：莊 吉 發
出 版 者：文 史 哲 出 版 社
http:// www.lapen.com.tw
e-mail:lapen@ms74.hinet.net
登記證字號：行政院新聞局版臺業字五三三七號
發 行 人：彭 正 雄
發 行 所：文 史 哲 出 版 社
印 刷 者：文 史 哲 出 版 社
臺北市羅斯福路一段七十二巷四號
郵政劃撥帳號：一六一八〇一七五
電話886-2-23511028 · 傳真886-2-23965656

定價新臺幣六〇〇元

二〇二三年（民一一二）十二月初版

ISBN 978-986-314-660-5 65156

《欽定金史語解》探索

目 次

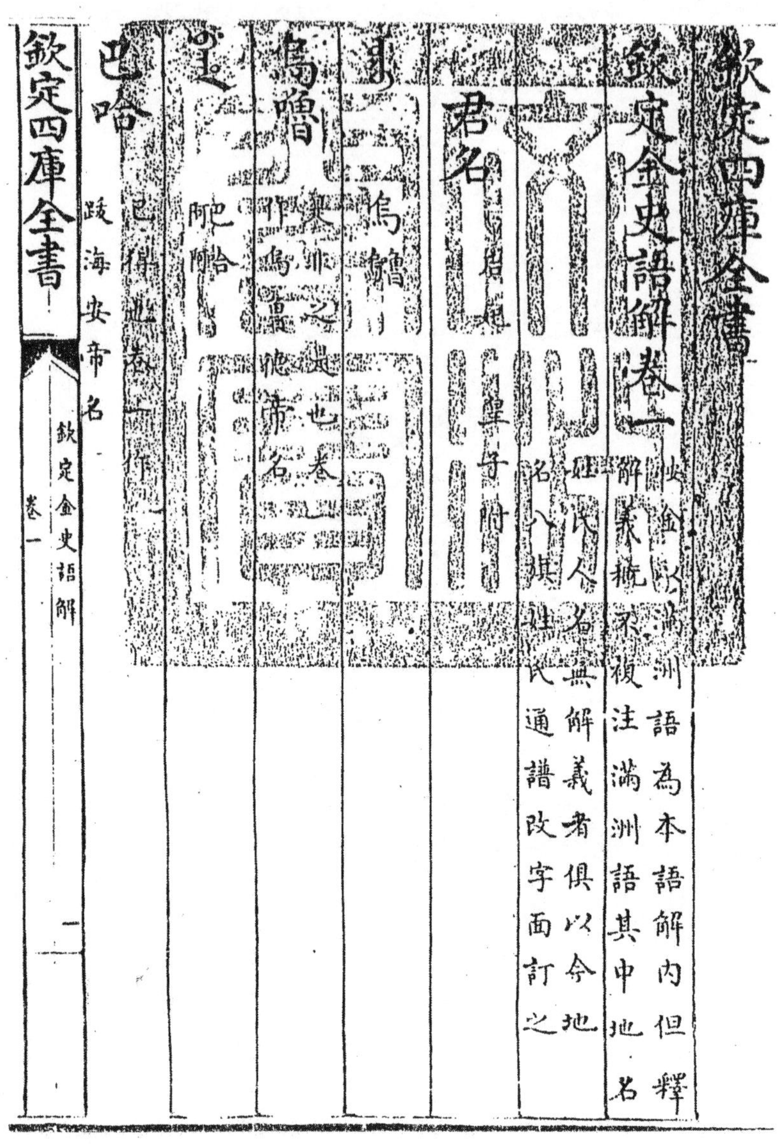

欽定四庫全書

欽定金史語解卷一

欽定以滿洲語為本語解內但釋解義概不復注滿洲語其中地名姓氏人名無解義者俱以今地名八旗姓氏通譜改字面訂之

君名

烏嚕

烏嚕 契非之是也卷一作烏魯德帝名

巴哈

巴哈 得也卷一作跋海安帝名

欽定四庫全書

欽定金史語解 卷一 一

一、《欽定金史語解》君名

國可滅，史不可滅。《金史》計一百三十五卷，元托克托等奉敕撰，凡本紀十九卷，志三十九卷，表四卷，列傳七十三卷，記載金朝一百一十多年史事。修史之時，金人實錄尚存，敘述多有依據，文獻足徵，體例嚴整，首尾完密，贍而不蕪，約而不疏，凸顯《金史》在遼、金、元三史中被稱為「良史」的原因。金以女真為統治民族，一面繼承歷代修史的理論基礎，同時也帶有民族統治的思想特點。金以滿洲語為本，《欽定金史語解》內但釋解義，不複注滿洲語，凡十二卷，首君名，附以后妃、皇子，次部族，次地理，次職官，附以軍名，次姓氏，次人名，附以名物，共六門，對研究《金史》提供頗多珍貴資料。

《欽定金史語解・君名》滿漢對照表

順次	滿　語	漢　字	羅馬拼音	詞　義
1	ᡠᡵᡠ	烏嚕	uru	是
2	ᠪᠠᡥᠠ	巴哈	baha	已得
3	ᠰᡠᡳᡥᡝ	綏赫	suihe	綏
4	ᡧᡠᡵᡠ	舒嚕	šuru	珊瑚

順次	滿　語	漢　字	羅馬拼音	詞　義
5	[illegible]	烏古鼐	ugūnai	
6	[illegible]	和哩布	horibu	令圈圍
7	[illegible]	頗拉淑	polašu	
8	[illegible]	英　格	yengge	稠李
9	[illegible]	額嚕温	eruwen	鑽
10	[illegible]	烏雅舒	uyašu	
11	[illegible]	摩囉完	moro wan	椀梯
12	[illegible]	阿固達	agūda	
13	[illegible]	烏奇邁	ukimai	
14	[illegible]	哈　喇	hara	蒙古語，黑色

順次	滿　語	漢　字	羅馬拼音	詞　義
15	ᡩᡠᡤᡠᡵᡠᠨᡝ	都古嚕訥	dugurune	蒙古語，盈滿
16	ᡠᠯᡠ	烏祿	ulu	空松子
17	ᠮᠠᡩᠠᡤᡝ	瑪達格	madage	愛惜小兒之辭
18	ᡠᡩᠠᠪᡠ	烏達布	udabu	令買
19	ᠨᡳᠩᡤᡳᠶᠠᠰᡠ	寧嘉蘇	ninggiyasu	
20	ᡧᡝᠩᡤᡝ	勝額	šengge	預知
21	ᠣᡵᡩᠣ	鄂爾多	ordo	亭
22	ᡥᡡᡨᠠᡤᠠ	呼塔噶	hūtaga	蒙古語，小刀

資料來源：《欽定四庫全書》，「史部」，《欽定金史語解》，卷一。

表中所列金朝君名，共計二十二人，以滿洲語為本，並列漢字。其中：金景祖名烏古鼐（ugūnai），《金史》卷一作「烏古迺」；金肅宗名頗拉淑（polašu），卷一作「頗剌淑」；金康宗名烏雅舒（uyašu），卷一作「烏雅束」；

金太祖名阿固達（agūda），卷一作「阿骨打」；金太宗名烏奇邁（ukimai），卷二作「吳乞買」；金哀宗名寧嘉蘇（ninggiyasu），卷十七作「寧甲速」，以上六人，俱因無解義，但改字面而已。

表中金德帝名烏嚕（uru），滿語，意即是非之「是」。卷一作「烏魯」，同音異譯；金安帝名巴哈（baha），滿語，意即得失之「得」，已得也。卷一作「跋海」，同音異譯；金獻祖名綏赫（suihe），滿語，意即「綬」，是指諭旨類的印綬。卷一作「綏可」，同音異譯。金昭祖名舒嚕（šuru），滿語，意即貨財類的「珊瑚」，與數珠、念珠並列，讀作“šuru erihe”，意即「珊瑚數珠」。卷一作「石魯」，又作「實魯」、「世魯」，俱同音異譯。金世祖名和哩布（horibu），滿語，意即「令圈圍」，圍場合圍圈獸用語。卷一作「劾里鉢」，同音異譯。金穆宗名英格（yengge），滿語，意即「稠李」，一種野葡萄，又名臭李子。卷一作「盈歌」，同音異譯。金穆宗字額嚕温（eruwen），滿語，意即「鑽」，工匠器用。卷一作「烏魯完」，同音異譯。金康宗子〔字〕摩囉完（moro wan），滿語，俱屬器用，「摩囉」（moro），意即「椀」；「完」（wan），意即「梯」，「摩囉完」（moro wan），意即「椀梯」。卷一作「毛路完」，同音異譯。金熙宗名哈喇（hara），蒙古語，意即「黑色」。卷四作「合剌」，同音異譯。金海陵王名都古嚕訥（dugurune），蒙古語，滿語，意即「盈滿」。卷一作「迪古乃」，卷五十九作「敵古迺」，俱同音異譯。金世宗名烏祿（ulu），滿語，意即「空松子」，又作「空松榛」，一種果品，沒有果仁空殼的松子、榛子。卷六原文作「烏祿」。金章宗名瑪達格（madage），滿語，意即「愛撫」，手拍脊背疼愛老人及小孩子之辭，語解作「愛惜小兒之辭」。卷九作「麻達葛」，同音異譯。金宣宗名烏達布（udabu），滿語，意即「令買」。卷十四作「吾睹補」，同音異譯。金宣帝名勝額（šengge），滿語，意即「預知者」。卷十九作「繩果景」，同音異譯。金睿宗名鄂爾多（ordo），滿語，意即「亭」。卷十九作「訛里朶」，同音異譯。金顯宗名呼塔噶（hūtaga），蒙古語，意即「小刀」。卷十九作「胡土瓦」，同音異譯。

后妃

烏[illegible][illegible][illegible]阿喀

烏爾袞都喀 烏爾袞喜也都喀門也卷六十三作烏古論都葛昭祖后

[illegible][illegible]

圖卜新 蒙古語平也卷六十三作多保真景祖后

[illegible][illegible]

薩滿 巫也卷六十三作撒卯熙宗妃

阿[illegible][illegible]

阿里庫 盤也卷六十三作阿里虎海陵妃

二、《欽定金史語解》后妃

《欽定金史語解・后妃》滿漢對照表

順次	滿語	漢字	羅馬拼音	詞義
1	ᡠᡵᡤᡠᠨ ᡩᡠᡴᠠ	烏爾袞 都喀	urgun duka	喜門
2	ᡨᡠᠪᠰᡳᠨ	圖卜新	tubsin	蒙古語，平
3	ᠰᠠᠮᠠᠨ	薩滿	saman	巫
4	ᠠᠯᡳᡴᡡ	阿里庫	alikū	盤
5	ᡩᡳᠩᡤᡝ	定格	dingge	
6	ᡧᡳᡤᡝ	實格	šige	
7	ᠮᡳᡵᡝ	密呼	mire	索倫語，肩
8	ᠠᠯᠠᠨ	阿蘭	alan	樺皮
9	ᠵᠠᠪᠠ	扎巴	jaba	蒙古語，山谷

順次	滿　語	漢　字	羅馬拼音	詞　義
10	ᠰᡳᡴᡡ	實　庫	sikū	箭眼
11	ᠪᡠᠯᠠ	布　拉	bula	荊棘
12	ᠰᡳᠨᠠ	錫　納	sina	蒙古語，山崗
13	ᠰᡳᡤᡠᡵ	實古爾	sigur	繖
14	ᠰᡠᡵᡝ ᡥᠣᠵᠣ	蘇　呼 和　卓	sure hojo	聰明 美麗
15	ᡳᡩᡠ	伊　都	idu	班
16	ᡨᡝᠨᡝᡴ	特訥克	tenek	蒙古語，愚
17	ᡩᠠᡥᡡᠮᡝ	達呼默	dahūme	復
18	ᠴᠣᠰᡥᠣ	綽斯和	cosho	鎗鏃
19	ᡩᡠᠪᡝᠨ	都　本	duben	終

資料來源：《欽定四庫全書》，「史部」，《欽定金史語解》，卷一。

表中所列金朝后妃名，共計十九人，以滿洲語為本，並列漢字。其中海陵王妃定格（dingge），卷六十三作「定哥」。海陵王妃實格（šige），卷六十三作「石哥」，俱因無解義，但改字面而已。金昭祖后烏爾袞都喀（urgun duka），滿語，意即「喜門」。卷六十三作「烏古論都葛」，同音異譯。金景祖后圖卜新（tubsin），蒙古語，意即「平」。卷六十三作「多保真」，同音異譯。金熙宗妃薩滿（saman），滿語，意即「巫」，指巫人、巫師、祝神人，卷六十三作「撒卯」。海陵王妃阿里庫（alikū），滿語，意即「盤」，指度量衡權衡輕重天秤盛物的器皿。卷六十三作「阿里虎」，同音異義。海陵王妃密呼（mire），索倫語，意即「肩」，卷六十三作「彌勒」，同音異譯。海陵王妃阿蘭（alan），滿語，意即「樺皮」。樺樹皮所製之快速船，稱為樺皮船。卷六十三作「阿懶」，同音異義。海陵王妃扎巴（jaba），蒙古語，意即「山谷」，卷六十三作「察八」，同音異譯。海陵王妃實庫（sikū），滿語，意即「箭眼」，撒袋內襯格。卷六十三作「什古」，同音異譯。海陵王妃布拉（bula），滿語，意即「棘刺」，語解漢字作「荊棘」，異。卷六十三作「蒲剌」，同音異義。按「荊棘」，滿文又讀作“bula saihūwa”。海陵王妃錫納（sina），蒙古語，意即「山崗」，卷六十三作「習撚」，同音異譯。海陵王妃實古爾（sigur），蒙古語，意即「繖」。「繖」的本字作「傘」。卷六十三作「師姑兒」，同音異譯。海陵王妃蘇呼和卓（sure hojo），滿語，「蘇呼」，意即「聰明」；「和卓」，意即「美麗」，卷六十三作「莎里古真」。海陵王妃伊都（idu），滿語，意即「班」，公務輪班的「班」，卷六十三作「餘都」，同音異譯。金太祖娘子特訥克（tenek），蒙古語，意即「愚」，卷六十九作「獨奴可」，同音異譯。金昭祖次室達呼默（dahūme），滿語，意即「復」，或「再三」、「重複」，與“dahime”同，卷六十五作「達胡末」，同音異譯。金景祖次室綽斯和（cosho），滿語，意即「鎗鏌」，或作「鏕子」，是拉車鞍上正中釘的鐵釘鑽掛車絆，與“niyaman hadahan”同。卷六十五作「注思灰」，同音異譯。金景祖次室都本（duben），滿語，意即「終」，事有終始之「終」，卷六十五作「敵本」，同音異譯。表中后妃多以女性化的詞彙為名。

三、《欽定金史語解》皇子

《欽定金史語解・皇子》滿漢對照表

順次	滿　語	漢　字	羅馬拼音	詞　義
1		博　囉	boro	蒙古語，青色
2		錫赫特	sihete	毛鬃稀短
3		錫哩布	siribu	令擠
4		錫里庫	siliku	蒙古語，選拔
5		巴　圖	batu	蒙古語，堅固
6		阿布哈	abuha	薺菜
7		圖　庫	tuku	表
8		薩里罕	saligan	主張
9		薩克蘇	saksu	茶紙簍

順次	滿　語	漢　字	羅馬拼音	詞　義
10	ᡠᡴᡝᠨᠴᡝ	烏肯徹	ukence	蒙古語， 柔弱
11	ᠪᡝᡥᡝ	伯　赫	behe	墨
12	ᠪᡝᠯᡥᡝ	伯勒赫	belhe	預備
13	ᠸᠠᠯᡳᠶᠠ	斡里雅	waliya	棄
14	ᡥᠣᡧᠣᠣᡨᠠᡳ	和碩台	hošootai	蒙古語， 在旗之人
15	ᡥᠣᠵᠣ	和　卓	hojo	美麗
16	ᡤᠠᡧᡡᠨ	噶　順	gašūn	蒙古語， 苦
17	ᡥᡝᠰᡝᠪᡠᠨ	赫色本	hesebun	命
18	ᠮᠠᠮᡦᡳ	滿　丕	mampi	繩結
19	ᠠᠯᡳᡥᠠᠨ	阿里罕	alihan	衣貼襯
20	ᠮᡝᠨᡨᡠᡥᡠᠨ	們圖琿	mentuhun	愚

順次	滿語	漢字	羅馬拼音	詞義
21	ᠣᡳᡨᠠᡳ	威泰	oitai	蒙古語，有記性
22	ᡧᡝᠶᡝᠨ	舍音	šeyen	白色
23	ᡠᠰᡝ	烏色	use	籽粒
24	ᡠᠵᡝ	烏哲	uje	蒙古語，看
25	ᠠᡴᡡᠨᠠ	阿庫納	akūna	週匝
26	ᡩᠣᠩᠮᠣ	棟摩	dongmo	茶桶
27	ᠵᠠᠯᠠ	扎拉	jala	媒人
28	ᡠᡩᠠ	烏達	uda	買
29	ᠨᡝᡤᡠᡴᡠ	訥古庫	neguku	蒙古語，遷移
30	ᡶᡠᠯᡥᡡ	富勒呼	fulhū	口袋
31	ᡩᠠᠯᠠᠨ	達蘭	dalan	堤岸
32	ᡶᡠᠨᠴᡝ	芬徹	funce	有餘

順次	滿語	漢字	羅馬拼音	詞義
33		富爾丹	furdan	關
34		算卓	sonjo	挑選
35		烏頁	uye	蒙古語，世代
36		摩囉歡	morohon	眼圓睜
37		騰格徹	tenggece	蒙古語，相稱
38		威赫	weihe	牙
39		斡布	g'ambu	唐古特語，老
40		斡里雅布	waliyabu	令棄
41		烏珠	uju	頭
42		烏里	uli	弓弦
43		穆里延	muliyan	腮根
44		額爾袞	erguwen	紀

順次	滿 語	漢 字	羅馬拼音	詞 義
45	ᡝᠯᡠ	額魯	elu	葱
46	ᠠᡵᡠ	阿嚕	aru	蒙古語，山陰
47	ᠠᠯᡳᠪᡠ	阿里布	alibu	呈遞
48	ᠰᡳᠨᡝᠯᡝ	實訥埒	sinele	蒙古語，過新年
49	ᠸᠠᡥᡡᠨ	斡琿	wahūn	臭
50	ᡥᡠᡵᡠ	呼嚕	huru	手背
51	ᡥᡡᠯᠠᠪᡠ	呼拉布	hūlabu	令念
52	ᠠᡵᡠᡩᠠᡳ	阿嚕岱	arudai	蒙古語，有山陰
53	ᡥᡡᡧᠠᡥᡡ	呼沙呼	hūšahū	梟鳥
54	ᠠᠯᡳᠨ	阿林	alin	山
55	ᡥᡡᠯᠠᠨ	呼蘭	hūlan	烟洞
56	ᡥᡡᡵᠴᠠ	呼爾察	hūrca	蒙古語，敏捷

順次	滿語	漢字	羅馬拼音	詞義
57		實圖美	situmui	蒙古語，倚靠
58		哈必蘇	habisu	蒙古語，肋
59		沃哩	weri	留
60		和碩	hošo	隅
61		舒蘇 鄂博	šusu obo	蒙古語，廩給、堆石
62		沃哩布	weribu	令留
63		薩喇勒	saral	蒙古語，貉皮馬
64		烏遜	usun	蒙古語，水
65		蘇尼	suni	蒙古語，夜
66		薩咾勒	saraol	蒙古語，有月光
67		尼楚赫	nicuhe	珍珠

順次	滿　語	漢　字	羅馬拼音	詞　義
68	ᠰᡳᡤᡠᡵ	實古爾	sigur	蒙古語，傘
69	ᠰᠠᠩᡤᠠ	桑阿	sangga	孔
70	ᡝᠨᠴᡠ	恩楚	encu	異
71	ᡥᠠᠶᠠ	哈雅	haya	蒙古語，山牆
72	ᠯᠣᠰᠣ	羅索	loso	極濕難耕地
73	ᠰᡳᠪᠴᠠ	錫卜察	sibca	裁汰
74	ᡥᠠᠨᡩᡠ	罕都	handu	稻
75	ᠠᡤᡡᡵᠠ	阿古喇	agūra	器械
76	ᠣᡨ ᡯᠠᠩᠪᡠ	鄂特藏布	ot dzangbu	唐古特語，光好
77	ᠰᠠᡥᠠ	薩哈	saha	小圍
78	ᡝᡵᡳᠨ	額琳	erin	時

順次	滿　語	漢　字	羅馬拼音	詞　義
79		德　里	deli	磐石
80		安　春	ancun	耳墜
81		明　安	minggan	千數
82		阿　禪	acan	合
83		帮　圖	bangtu	斗拱

資料來源：《欽定四庫全書》，「史部」，《欽定金史語解》，卷一。

表中所列金朝皇子名，共計八十三人，以滿洲語為本，並列漢字。其中金德帝子博囉（boro），蒙古語，意即「青色」，卷五十九作「輩魯」。金安帝子錫赫特（sihete），滿語，意即「毛鬃稀短」，馬匹鬃尾又稀又短，卷五十九作「謝庫德」。金安帝子錫哩布（siribu），滿語，意即「令擠」，使擠水、使擠奶、使擠膿，卷五十九作「謝夷保」。金安帝子錫里庫（siliku），蒙古語，意即「選拔」，卷一作「謝里忽」。金獻祖子巴圖（batu），蒙古語，意即「堅固」，卷五十九作「朴都」。金獻祖子阿布哈（abuha），滿語，意即「薺菜」，又名箕菜，卷五十九作「阿保寒」。金獻祖子圖庫（tuku），滿語，意即「表」，表裡之表，表面、外表、皮兒、面兒，俱讀如「圖庫」，卷五十九作

「敵酷」。金獻祖子薩里罕（saligan），滿語，意即「主張」，專主、擅專、獨裁，俱讀如「薩里罕」，卷五十九作「撒里輦」。金獻祖子薩克蘇（saksu），滿語，意即「茶紙簍」，用竹子、荊條等所編盛茶或紙等物的簍子，卷五十九作「撒葛周」。金昭祖子烏肯徹（ukence），蒙古語，意即「柔弱」，卷五十九作「烏骨出」。金昭祖子伯赫（behe），滿語，意即「墨」，卷一作「跋黑」。金昭祖子伯勒赫（belhe），滿語，意即「預備」，卷五十九作「跋里黑」。金昭祖子斡里雅（waliya），滿語，意即「棄」，拋棄、扔掉、撂下，俱讀如「斡里雅」，"waliya"又作"waliyan"，卷五十九作「斡里安」。金昭祖子和碩台（hošootai），蒙古語，意即「在旗之人」，卷五十九作「胡失答」。

金景祖子和卓（hojo），滿語，意即「美麗」，卷一作「劾者」。金景祖子噶順（gašun），蒙古語，意即「苦」，卷一作「劾孫」。金景祖子赫色本（hesebun），滿語，意即「命」，命運、宿命，俱讀如「赫色本」，卷五十九作「劾真保」。金景祖子滿丕（mampi），滿語，意即「繩結」，指結叩、結子，卷五十九作「麻頗」。金景祖子阿里罕（alihan），滿語，意即「衣貼襒」，是衣服的貼邊、貼補，卷一作「阿离合懣」。金景祖子們圖琿（mentuhun），滿語，意即「愚」，即指愚昧、愚蠢、昏庸、糊塗、村粗，卷一作「謾都訶」。金世祖子威泰（oitai），蒙古語，意即「有記性」，卷一作「斡帶」。金世祖子舍音（šeyen），滿語，意即「白色」，是指雪白、潔白的「白」，卷二作「斜也」。金世祖子烏色

（use），滿語，意即「籽粒」，是農作物的種子，卷一作「斡賽」。金世祖子烏哲（uje），蒙古語，意即「看」，卷五十九作「斡者」。金世祖子阿庫納（akūna），滿語，意即「週匝」，卷五十九作「烏故乃」。金世祖子棟摩（dongmo），滿語，意即「茶桶」，卷二作「闍母」。金世祖子扎拉（jala），滿語，意即「媒人」，卷五十九作「查剌」。金世祖子烏達（uda），滿語，意即「買」，卷五十九作「烏特」，卷六十五作「五都」。

金肅宗子訥古庫（neguku），蒙古語，意即「遷移」，卷五十九作「耨酷欸」。金肅宗子富勒呼（fulhū），滿語，意即「口袋」，卷五十九作「蒲魯虎」。金穆宗子達蘭（dalan），滿語，意即「堤」，"dalan dalin"，意即「堤岸」，卷三作「撻懶」。金穆宗子芬徹（funce），滿語，意即「有餘」，"funce"，疑當作"funcen"，卷二作「蒲察」。金穆宗子富爾丹（furdan），滿語，意即「關」，是指城廓的關口，卷五十九作「蒲里迭」。金穆宗子算卓（sonjo），滿語，意即「挑選」，卷五十九作「撒祝」。金穆宗子烏也（uye），蒙古語，意即「世代」，卷五十九作「烏頁」。金康宗子摩囉歡（morohon），滿語，意即「眼圓睜」，卷三十一作「謀良虎」。金康宗子騰格徹（tenggece），蒙古語，意即「相稱」，卷五十九作「同刮茁」。金康宗子威赫（weihe），滿語，意即「牙」，卷五十九作「隈可」。金太祖子幹布（g'ambu），唐古特語，意即「住持」，語解作「老」，異，卷五十九作「斡本」。金太祖子斡里雅布（waliyabu），滿語，意即「令棄」，卷三十一作「斡里不」。金太祖子烏珠（uju），滿語，意即「頭」，卷三十一作「斡出」，卷五十九作「兀术」。金太祖子烏里（uli），滿語，意即「弓弦」，卷五十九作「烏烈」。金太祖子穆里延（muliyan），滿語，意即「腮根」，卷五十九作「沒里野」。金太祖子額爾袞（erguwen），滿語，意即「紀」，十二年為一紀，卷五十九作「訛魯觀」。金太祖子額魯（elu），滿語，意即「葱」，卷五十九作「訛魯」。金太祖子阿嚕（aru），蒙古語，意即「山陰」，卷五十九作「阿魯」。金太祖子阿里布（alibu），滿語，意即「呈遞」，卷五十九作「阿魯補」。金太祖子實訥埒（sinele），蒙古語，意即「過新年」，卷五十九作「習泥烈」。金太祖子斡琿（wahūn），滿語，意即「臭」，卷五十九作「斡忽」，卷六十九作「幹忽」。

金太宗子呼嚕（huru），滿語，意即「手背」，卷四作「胡盧」，又作「胡魯」。金太宗子呼拉布（hūlabu），滿語，意即「令念」，卷四作「斛魯補」。金太宗子阿嚕岱（arudai），蒙古語，意即「有山陰」，卷五十九作「阿魯岱」。金太宗子呼沙呼（hūšahū），滿語，意即「梟鳥」，俗稱「夜貓兒」，卷五十九作「斛沙虎」。金太宗子阿林（alin），滿語，意即「山」，卷五十九作「阿隣」。金太宗子呼蘭（hūlan），滿語，意即「烟洞」，又作「烟筒」，卷四作「鶻懶」。金太宗子呼爾察（hūrca），蒙古語，意即「敏捷」，卷五十九作「胡里甲」。金太宗子實圖美（situmui），蒙古語，意即「倚靠」，卷五十九作「神土門」。金太宗子哈必蘇（habisu），蒙古語，意即「肋」，卷五十九作「斛孛束」。金太宗子沃哩（weri），滿語，意即「留」，卷五十九作「斡烈」。金太宗子和碩（hošo），滿語，意即「隅」，卷五十九作「鶻沙」。海陵王子舒蘇鄂博（šusu obo），蒙古語，「舒蘇」，意即「廩給」；「鄂博」，意即「堆石以為祭處」，卷五作「矧思阿不」。金睿宗子沃哩布（weribu），滿語，意即「令留」，卷五十九作「吾里補」。金世宗子薩喇勒（saral），蒙古語，意即「貉皮馬」，卷六作「實魯剌」。金世宗子烏遜（usun），蒙古語，意即「水」，卷八十五作「萬僧」。金世宗子蘇尼（suni），蒙古語，意即「夜」，卷五十九作「熟輦」。金世宗子薩咾勒（saraol），蒙古語，意即「有月光」，卷五十九作「斜魯」。金世宗子尼楚赫（nicuhe），滿語，意即「珍珠」，卷五十九作「銀术可」。金世宗子實古爾（sigur），蒙古語，意即「傘」，卷八十五作「石狗兒」。金世宗子桑阿（sangga），滿語，意即「孔」，又指「溝口孔」，卷五十九作「宋葛」。金世宗子恩楚（encu），滿語，意即「異」，卷五十九作「訛出」。金世宗子哈雅（haya），蒙古語，意即「山牆」，卷八十五作「鶴野」。金世宗子羅索（loso），滿語，意即「極濕難耕地」，卷五十九作「婁室」。金世宗子錫卜察（sibca），滿語，意即「裁汰」，或「令退回」，卷五十九作「斜不出」。

金顯宗子罕都（handu），滿語，意即「稻」，卷五十九作「歡睹」，卷九十三作「桓篤」。金章宗子阿古喇（agūra），滿語，意即「器械」，卷五十九作「阿虎懶」。金章宗子鄂特藏布（ot dzangbu），唐古特語，「鄂特」，意即「光」；「藏布」，意即「好」，卷五十九作「斡魯不」，卷九十三作「訛魯不」。金章宗子薩哈

（saha），滿語，意即「小圍」，「薩哈」（saha）同“aba”，“aba saha”，意即「畋獵」，卷五十九作「撒改」。金章宗子額琳（erin），滿語，意即「時」，卷五十九作「訛論」。金章京子德里（deli），滿語，意即「巨大」，“deli wehe”，意即「盤石」，卷五十九作「忒隣」。衛紹王子安春（ancun），滿語，意即「耳墜」，卷五十九作「按出」。衛紹王子明安（minggan），滿語，意即「千數」，卷五十九作「猛安」。衛紹王子阿禪（acan），滿語，意即「合」，又作「和合」、「親和」，卷十三作「按陳」，卷五十九作「按辰」。金宣宗子幫圖（bangtu），滿語，意即「斗拱」，在柱頭上伸出來的刻有花牙子的小橫木，卷五十九作「盤都」。表中皇子多以男性化的詞彙命名。

欽定四庫全書

欽定金史語解卷二

按金以滿洲語為本語解內但釋解義概不複注滿洲語其中地名姓氏人名無解義者俱以今地名八旗姓氏通譜改字面訂之

部族

博綽 色也卷一作伯咄部名

恩徹亨 力量也卷一作安車骨部名

欽定四庫全書

四、《欽定金史語解》部族

《欽定金史語解・部族》滿漢對照表

順次	滿 語	漢 字	羅馬拼音	詞 義
1		博 綽	boco	色
2		恩徹亨	encehen	力量
3		佛 寧	feniyen	羣
4		哈 沙	haša	倉房
5		哈斯罕	hashan	籬
6		瓜爾佳	gūwalgiya	
7		頁 赫	yehe	
8		圖 們	tumen	
9		扎 蘭	jalan	世代
10		托卜古倫	tob gurun	正國

順次	滿語	漢字	羅馬拼音	詞義
11	ᡨᡠᠯᡝ	圖埒	tule	外
12	ᡠᡧᡝ	烏舍	uše	皮條
13	ᡠᠯᡳᠩᡤᠠ	烏凌阿	ulingga	
14	ᡶᡠᠴᠠ	富察	fuca	
15	ᡠᠨᡨᡝᡥᡝ	温特赫	untehe	
16	ᠸᠠᠩᡤᡳᠶᠠ	完顏	wanggiya	
17	ᠮᡠᠶᠠᠨ	穆延	muyan	
18	ᡶᠣᡳᠮᠣ	費摩	foimo	
19	ᠪᠣᡩᡠᡵᡳ	博都哩	boduri	
20	ᠸᡝᡵᡝ	沃呼	were	
21	ᠨᡳᠮᠠᡥᠠ	尼瑪哈	nimaha	
22	ᡨᠠᠩᡤᡡ	唐古	tanggū	

順次	滿語	漢字	羅馬拼音	詞義
23	ᡠᠨᡩᡠ	温都	undu	
24	ᡥᡝᡧᡝᡵᡳ	赫舍哩	hešeri	
25	ᡠᡴᡠᡵᡳ	烏庫哩	ukuri	
26	ᠪᡠᡤᡠᡩᡝ	布古德	bugude	蒙古語，總
27	ᠠᡴᠵᠠᠨ	阿克占	akjan	
28	ᡥᠣᠩᡤᠣᠨ	鴻觀	honggon	
29	ᠸᡝᡳᠵᡠᠨ	威準	weijun	鸛
30	ᠵᡝᡵᡩᡝ	哲爾德	jerde	
31	ᡩᠠᡵᡠᡤᠠ	達嚕噶	daruga	蒙古語，頭目
32	ᠪᠠᡳᡤᡝ	拜格	baige	
33	ᡳᠰᡠᠨ	伊遜	isun	蒙古語，九數
34	ᡥᡡᡵᡠᡤᡡ	呼嚕古	hūrugū	蒙古語，手指

順次	滿　語	漢　字	羅馬拼音	詞　義
35		達巴噶	dabaga	蒙古語，嶺
36		輝發	hoifa	
37		矩威	gioi ui	唐古特語，十中
38		達勒達穆爾	dalda mur	蒙古語，遮蔽處踪跡
39		伊蘇	isu	
40		伊喇	ira	
41		達魯特	dalut	
42		約尼	yooni	
43		烏琿	uhun	包
44		薩里罕	saligan	主張
45		達喇	dara	腰
46		超台	cootai	蒙古語，有名人

順次	滿　語	漢　字	羅馬拼音	詞　義
47		烏爾古	urgū	蒙古語，孳生
48		實默克	simeke	浸潤
49		準布	jombu	令提醒
50		展盤	jampan	蚊帳
51		喀喇	kara	
52		烏都溫	uduwen	公貔
53		托果哩克	togorik	蒙古語，週圍
54		光嘉喇	gūwanggiyara	
55		薩察	saca	
56		巴鄂特	ba ot	唐古特語，勇光
57		果爾	g'or	唐古特語，旋轉

順次	滿　語	漢　字	羅馬拼音	詞　義
58	ᡤᡳᠶᠠᠨᠠᡴ	嘉納克	giyanak	唐古特語，漢人
59	ᠴᡠᠨᠠᡴ	楚納克	cunak	唐古特語，黑水
60	ᠶᠠᠩᠪᡠ	揚布	yangbu	唐古特語，寬
61	ᡷᠰᠠ	直薩	jysa	唐古特語，神名
62	ᡠᡴᠰᡠᡵᠠ	烏克蘇喇	uksura	一支
63	ᠰᡳᡵᡠᡳ	實壘	sirui	蒙古語，土
64	ᠵᡠᡵᡠ	珠嚕	juru	
65	ᠪᡠᡨᠠᠪᡠ	布塔布	butabu	令漁獵
66	ᡴᡳᡵᡠ	奇嚕	kiru	小旗
67	ᠪᠣᠯᡤᠣ ᠵᠠᠰᠠᡴ	博勒和 扎薩克	bolgo jasak	潔淨、政事
68	ᡨᡝᡵᡳᡤᡠᠨ ᠵᠠᠰᠠᡴ	特哩袞 扎薩克	terigun jasak	蒙古語，為首、政事

順次	滿　語	漢　字	羅馬拼音	詞　義
69		特哩袞	terigun	為首
70		德里必喇	deli bira	磐石河
71		和掄	horon	威
72		烏蘇展	usujan	
73		伊實	isi	唐古特語，智慧
74		珠格	juge	
75		烏遜	usun	蒙古語，水
76		雅里	yali	肉
77		烏哲森	ujesen	蒙古語，已看
78		哈喇	hara	蒙古語，黑色
79		齊達勒	cidal	蒙古語，才能
80		沃楞	weren	水紋

順次	滿　語	漢　字	羅馬拼音	詞　義
81	ᠴᠣᠯᡳᡨ	綽里特	colit	蒙古語，水地相間處
82	ᡨᡠᡤᡳ	圖　吉	tugi	雲
83	ᠮᡠᠩᡤᡠ	孟　古	munggu	蒙古語，銀
84	ᡤᠠᡧᠠᠨ	噶　珊	gašan	鄉
85	ᠰᡠᡴᡡ	蘇　庫	sukū	皮
86	ᠴᡠᡳ ᠵᡳᠶᠠ	吹濟雅	cui jiya	唐古特語，法百數
87	ᠮᡳᡯᠠᠩ	密　藏	midzang	唐古特語，好人
88	ᠯᡠᠩᡦᡠ	隆　普	lungpu	唐古特語，河源
89	ᡦᡝᠩᠪᡠ	彭　布	pengbu	唐古特語，積聚
90	ᠰᡳᠮᡝ	錫　默	sime	蒙古語，精液
91	ᠪᠣᠯᡤᠣ	博勒和	bolgo	潔淨
92	ᡳᡵᡠᠯ	伊嚕勒	irul	蒙古語，願心

順次	滿　語	漢　字	羅馬拼音	詞　義
93		喬嘉	kiyoogiya	
94		巴延	bayan	
95		巴哩	bari	
96		雙魯克	šungluk	唐古特語，中道
97		哈達濟	hadaji	蒙古語，已釘
98		博斯和	bosho	腰子
99		占楚琿	jancuhūn	
100		舒嚕	šuru	
101		歡塔	hūwanta	荒山
102		必里克圖	biliktu	蒙古語，有志量
103		薩里	sali	蒙古語，地弩

順次	滿語	漢字	羅馬拼音	詞義
104		埒里	leli	寬廣
105		漳格	jangge	
106		道精	doojing	蒙古語，尾末
107		緅科	dzuoko	
108		頁布年	yebuniyan	
109		珊舍音	šan šeyen	耳白色
110		僧格	sengge	唐古特語，獅子

資料來源：《欽定四庫全書》，「史部」，《欽定金史語解》，卷二。

表中所列金朝部族名，共計一一〇個，以滿洲語為本，並列漢字，除滿洲語外，還含有頗多源自蒙古語、唐古特語的部族名。表中部名博綽（boco），滿語，意即「色」，顏色，卷一作「伯咄」。部名恩徹亨（encehen），滿語，意即「力量」，亦即才幹、才能、能幹。「有力之家」，滿語讀如“encehen bisire boo”，卷一作「安車骨」。部名佛寧（feniyen），滿語，意即「羣」，“feniyen feniyen”，意即「一羣一羣」，卷一作「拂涅」，又作「蒲聶」。部名哈沙（haša），滿語，意即「倉房」，是盛米糧等物的小庫房，卷一作「號室」。部名哈斯罕（hashan），滿語，意即「籬」，是籬笆、柵欄，卷一作「曷蘇館」，卷三作「合蘇館」，卷六十六作「遏速館」，卷一〇四作「合思罕」，卷一三三作「曷速館」。部名瓜爾佳（gūwalgiya），卷一作「加古」。部名頁赫（yehe），卷一作「耶悔」，卷一三四作「耶刮」。部名圖們（tumen），滿語，意即「萬數」，卷一作「統門」，卷六十五作「駞滿」。部名扎蘭（jalan），滿語，意即「世代」，卷一作「耶懶」。部名托卜古倫（tob gurun），滿語，意即「托卜」，意即「正」，「古倫」，意即「國」，卷一作「土骨論」。部名圖埒（tule），滿語，意即「外」，卷一作「鐵勒」。部名烏舍（uše），滿語，意即「皮條」，卷一作「烏惹」，卷二作「兀惹」。部名烏淩阿（ulingga），滿語，意即「有財的」，卷一作「烏林答」，又作「烏林達」。部名富察（fuca），卷一作「蒲察」。部名温特赫（untehe），卷一作「温迪痕」，又作「温迪罕」。部名完顏（wanggiya），部名音譯作「汪嘉」，卷一原文作「完顏」。部名穆延（muyan），卷一作「沒撚」，又作「抹撚」。部名費摩（foimo），卷一作「裴滿」。部名博都哩（boduri），卷一作「不朮魯」。部名沃呼（were），滿語，意即「冰鎮」，卷一作「斡勒」。部名尼瑪哈（nimaha），滿語，意即「魚」，卷一作「泥龎古」。部名唐古（tanggū），滿語，意即「百」，卷一作「唐括」。部名温都（undu），滿語，意即「豎」，卷一原文作「温都」。部名赫舍哩（hešeri），卷一作「紇石烈」。部名烏庫哩（ukuri），卷一作「烏古論」，卷三作「烏虎里」，卷四十四作「烏古里」。

部名布古德（bugude），蒙古語，意即「總」，卷一作「鼈故德」。部名阿克占（akjan），滿語，意即「雷」，卷一作「阿典」。部名鴻觀（honggon），滿語，意即「鈴」，卷一作「含國」。部名威準（weijun），滿語，意即「鸛」，卷一作「斡准」。部名哲爾德（jerde），蒙古語，意即毛色赤紅色的「赤馬」，或「紅馬」，卷一作「職德」。部名達嚕噶（daruga），蒙古語，意即「頭目」，卷二作「達魯古」。部名拜格（baige），卷二作「鼈古」。部名伊遜（isun），蒙古語，意即「九數」，卷二作「乙辛」。部名呼嚕古（hūrugū），蒙古語，意即「手指」，卷二作「胡魯古」，又作「胡剌古」。部名達巴噶（dabaga），蒙古語，意即「嶺」，滿語讀作“dabagan”，卷二作「迭八合」。部名輝發（hoifa），古城位於吉林烏拉南，卷二作「回帕」。部名矩威（gioi ui），唐古特語，「矩」，意即「十數」，「威」，意即「中」，卷二作「燭隈」，又作「主隈」，又作「燭偎」。部名達勒達穆爾（dalda mur），蒙古語，「達勒達」，意即「遮蔽處」，「穆爾」，意即「蹤跡」，卷二作「得里得滿」。部名伊蘇（isu），滿語，意即「青素緞」，卷二作「乙室」。部名伊喇（ira），滿語，意即「黍子」，卷三作「耶剌」。部名達魯特（dalut），卷三作「迪烈底」。部名約尼（yooni），滿語，意即「全」，卷三作「遙輦」。部名烏琿（uhun），滿語，意即「包」，「一包」，讀作“emu uhun”，卷三作「烏虎」。部名薩里罕（saligan），滿語，意即「主張」，「無主張」，讀作“saligan akū”，卷三作「撒离改」。部名達喇（dara），意即「腰」，卷三作「迪烈」，卷十作「迭剌」。

部名超台（cootai），蒙古語，意即「有名人」，卷五作「楚底」。部名烏爾古（urgū），蒙古語，意即「孳生」，卷五作「烏古」，卷四十四作「烏魯古」。部名實默克（simeke），滿語，意即「浸潤」，又讀作“simehe”，卷六作「奚抹白」。部名準布（jombu），滿語，意即「令提醒」，卷六作「阻轐」。部名展盤（jampan），滿語，意即「蚊帳」，卷七作「粘拔恩」。部名喀喇（kara），滿語，意即「黑」，卷七作「康里」。部名烏都温（uduwen），滿語，意即「公貔」，卷七作「吾都椀」，卷九十八作「烏都椀」。部名托果哩克（togorik），蒙古語，意即「週圍」，卷九作「陀括里」。部名光嘉喇（gūwanggiyara），卷十作「廣吉利」。部名薩察（saca），滿語，意即「盔」，卷十一作「斜出」。部名巴鄂特（ba ot），唐古特語，「巴」，意即「勇」，「鄂特」，意即「光」，卷十四作「葩俄」。果爾（g’or），唐古特語，意即「旋轉」，卷十五作「瓜藜」，係部名，卷九十一作「鬼蘆」，係族名。部名嘉納克（giyanak），唐古特語，意即「漢人」，卷十五作「搁納」。部名楚納克（cunak），唐古特語，意即「黑水」，卷十五作「籛納」。部名揚布（yangbu），唐古特語，意即「寬」，卷十六作「陰坡」。部名直薩（jysa），唐古特語，神名，意即「食香者」，乃梵語「乾闥婆」（gandharva）之意譯。卷二十四作「直撒」。部名烏克蘇喇（uksura），滿語，意即「一支」，卷二十四作「烏昆神魯」。

部名實壘（sirui），蒙古語，意即「土」，卷七作「石壘」，卷九十四作「十壘」。部名珠嚕（juru），滿語，意即「雙」，卷二十四作「助魯」。部名布塔布（butabu），滿語，意即「令漁獵」，卷二十四作「孛特本」，卷一二一作「卜迪不」。部名奇嚕（kiru），滿語，意即「小旗」，卷二十四作「計魯」。部名博勒和扎薩克（bolgo jasak），「博勒和」，滿語，意即「潔淨」，「扎薩克」，蒙古語，意即「政事」，卷二十四作「部羅火扎石合」，卷四十四作「部魯火扎石合」。部名特哩袞扎薩克（terigun jasak），蒙古語，「特哩袞」，意即「為首」，「扎薩克」，意即「政事」，卷二十四作「土魯渾扎石合」，卷四十四作「土魯渾尼石合」。部名特哩袞（terigun），蒙古語，意即「為首」，卷五十七作「土魯渾」。部名德里必喇（deli bira），滿語，「德里」，意即「磐石」，「必喇」，意即「河」，卷六十四作「忒里闢剌」。部名和掄（horon），滿語，意即「威」，卷六十五作「朝論」。部名烏蘇展（usujan），卷六十五作「烏薩扎」。

部名伊實（isi），唐古特語，意即「智慧」，卷六十六作「移失」。部名珠格（juge），卷六十七作「朮虎」。部名烏遜（usun），蒙古語，意即「水」，卷六十七作「奧純」。部名雅里（yali），滿語，意即「肉」，卷六十七作「越里」。部名烏哲森（ujesen），蒙古語，意即「已看」，卷六十八作「烏扎薩」。部名哈喇（hara），蒙古語，意即「黑色」，卷六十八作「豪剌」。部名齊達勒（cidal），蒙古語，意即「才能」，卷七十一作「直攧里」。部名沃楞（weren），滿語，意即「水紋」，卷七十一作「兀勒」。部名綽里特（colit），蒙古語，意即「水地相間處」，卷七十二作「楚里迪」。部名圖吉（tugi），滿語，意即「雲」，卷七十二作「突鞠」。部名孟古（munggu），蒙古語，意即「銀」，卷七十六作「女固」。部名噶珊（gašan），滿語，意即「鄉」，卷七十七作「劾山」。部名蘇庫（sukū），滿語，意即「皮」，卷七十七作「速古」。部名吹濟雅（cui jiya），唐古特語，「吹」，意即「法」，「濟雅」，意即「百數」，卷七十九作「吹折」。部名密藏（midzang），唐古特語，意即「好人」，卷七十九作「密臧」。部名隆普（lungpu），唐古特語，意即「須彌山的別名」、「雄偉」，語解作「河源」，異，卷七十九作「隴逋」。部名彭布（pengbu），唐古特語，意即「積聚」，卷七十九作「龎拜」。部名錫默（sime），蒙古語，意即「精液」，卷八十一作「斜卯」。部名博勒和（bolgo），滿語，意即「潔淨」，卷八十四作「婆盧火」，卷一二〇作「婆盧木」。部名伊嚕勒（irul），蒙古語，意即「願心」，卷八十九作「虞呂」。族名喬嘉（kiyoogiya），卷九十一作「喬家」。族名巴延（bayan），滿語，意即「富」，卷九十一作「把羊」。族名巴哩（bari），卷九十一作「丙離」，卷一一三作「丙令」。族名雙魯克（šungluk），唐古特語，意即「學說」，語解作「中道」，異，卷九十一作「容魯」。部名哈達濟（hadaji），蒙古語，意即「已釘」，卷九十二作「合底忻」。部名博斯和（bosho），滿語，意即「腰子」，卷九十三作「婆速火」。部名占楚琿（jancuhūn），滿語，意即「甜」，卷九十三作「山只昆」。部名舒嚕（šuru），滿語，意即「珊瑚」，卷九十三作「石魯」，卷一三三作「室魯」。部名歡塔（hūwanta），滿語，意即「荒山」，卷九十三作「渾灘」。部名必里克圖（biliktu），蒙古語，意即「有志量」，卷九十三作「必列土」，又作「迪列土」。部名薩里（sali），蒙古語，意即「地弩」，卷九十三作「撒里」。族名埒里（leli），滿語，意即「寬廣」，卷九十八作「魯黎」。部名漳格（jangge），卷九十八作「障葛」。族名道精（doojing），蒙古語，意即「尾末」，卷一〇一作「鐸精」。部名緅科（dzuoko），卷一二一作「鄒括」。部名頁布年（yebuniyan），卷一二一作「葉不輦」。部名珊舍音（šan šeyen），滿語，「珊」，意即「耳」，「舍音」，意即「白色」，卷一二二作「上沙薵」。族名僧格（sengge），唐古特語，意即「獅子」，卷一三四作「山訛」。

五、《欽定金史語解》地理（一）

《欽定金史語解・地理》滿漢對照表

順次	滿　語	漢　字	羅馬拼音	詞　義
1	ᠪᡠᡵᡥᠠᠨ	布爾罕	burhan	蒙古語，佛
2	ᠵᠠᠯᠠᠨ	扎蘭	jalan	世代
3	ᡥᠠᡳᡤᡡᠯ	海古勒	haigūl	蒙古語，後護
4	ᠠᠨᠴᡠᠨ	按春	ancun	耳墜
5	ᠰᡠᠪᡝ	蘇伯	sube	筋
6	ᡶᡝᠶᡝ	佛頁	feye	巢穴
7	ᡤᡠᡵᡳ	古哩	guri	遷移
8	ᠪᠠᡵᠠᠵᡳ	巴喇濟	baraji	蒙古語，完
9	ᡥᠠᡳᠯᠠᠨ	海蘭	hailan	榆樹
10	ᠣᠮᡳᠨ	鄂敏	omin	饑

順次	滿　語	漢　字	羅馬拼音	詞　義
11	ᡨᡝᡴᠰᡳᠨ ᡨᡝᠪᡠ	特克新 特布	teksin tebu	齊整 裝載
12	ᡨᡠᠮᡝᠨ	圖們	tumen	萬數
13	ᡧᡝᠶᡝᠨ	舍音	šeyen	白色
14	ᠪᠠᡵᠠᠮᡳᡨ	巴喇密特	baramit	蒙古語，（到）彼岸
15	ᠯᠠᠯᡳᠨ	拉林	lalin	寧古塔地名
16	ᠠᠯᡥᠠ	阿勒哈	alha	花紋
17	ᡧᡝᡥᡠᠨ	舍琿	šehun	曠野
18	ᡨᡝᡴᡝ	特克	teke	蒙古語，大角羊
19	ᠮᠣᡩᠣᡨᡠ	摩多圖	modotu	蒙古語，有樹之處
20	ᡨᠣᡤᠣ	托果	togo	蒙古語，釜
21	ᠠᠮᠪᠠ	安巴	amba	大

順次	滿　語	漢　字	羅馬拼音	詞　義
22	ᠰᡳᡩᡠ	實　都	sidu	蒙古語，牙
23	ᠰᡠᠰᡠ	蘇　蘇	susu	籍貫
24	ᠵᡝᡴᡝᡳ	哲克依	jekei	蒙古語，平常
25	ᡨᡠᠨ	屯	tun	島
26	ᡧᡠᠸᠠ	刷	šuwa	樹林
27	ᠮᡠᡵᡳᡥᠠᠨ	穆哩罕	murihan	轉彎處
28	ᠰᡳᡥᡳᠨ	錫　馨	sihin	房簷
29	ᡨᡠᠩᡤᡝᠨ	通　恩	tunggen	胸
30	ᡨᡠᡵᡠᡴᡠ	圖嚕庫	turuku	蒙古語，生
31	ᡥᡠᠨᠴᡠᠨ	琿　春	huncun	寧古塔東南
32	ᠮᡠᡵᡠ ᠮᡳᠰᡥᠠᠨ	穆嚕宻斯罕	muru mishan	模樣 墨線

順次	滿 語	漢 字	羅馬拼音	詞 義
33		佛寧	feniyen	羣
34		伊勒呼	ilhū	一順
35		綽滿	coman	大酒杯
36		額訥斯琿	eneshun	偏坡
37		恩楚	encu	異
38		興克	hingke	瘠田
39		矩威	gioi ui	唐古特語，十中
40		圖塔	tuta	存留
41		呼爾哈	hūrha	
42		瑪奇	maki	纛纓
43		博齊赫	bocihe	醜

順次	滿　語	漢　字	羅馬拼音	詞　義
44	[illegible]	歡　塔	hūwanta	荒山
45	[illegible]	摩　琳	morin	馬
46	[illegible]	額斯琿	eshun	生熟之生
47	[illegible]	阿勒錦	algin	名譽
48	[illegible]	沙　班	šaban	屐齒
49	[illegible]	伊　蘭	ilan	三數
50	[illegible]	斡　琿	wahūn	臭
51	[illegible]	集　賽	jisai	蒙古語，班次
52	[illegible]	安　圖	antu	山陽
53	[illegible]	唐古特	tanggūt	西番
54	[illegible]	旺　結	wang giye	唐古特語，權開廣

順次	滿　語	漢　字	羅馬拼音	詞　義
55	ᠵᠠᠵᠠ	扎　扎	jaja	背負
56	ᠴᡝᠩᠮᡝ	成　默	cengme	氆氌
57	ᠵᡠᡥᡝ	珠　赫	juhe	冰
58	ᠸᡝᡵᡝᠨ	沃　稜	weren	水紋
59	ᠠᡵᡠ	阿　嚕	aru	蒙古語，山陰
60	ᠶᠣᡵᠣ	約　囉	yoro	骲頭
61	ᡧᡠᡤᡳ	舒　吉	šugi	津液
62	ᡥᡡᡩᠠᡳ ᠪᠠ	呼岱巴	hūdai ba	市（集）
63	ᡩᡝᠯᡳ	德　里	deli	磐石
64	ᠵᠣᠣᠰᡠ	昭　蘇	joosu	蒙古語，錢
65	ᠪᠣᡵᠣ	博　囉	boro	蒙古語，青色
66	ᠸᡝᡥᡝ	沃　赫	wehe	石

順次	滿語	漢字	羅馬拼音	詞義
67	ᡥᠠᡩᠠᠯᠠ	哈達拉	hadala	轡
68	ᡩᡝᠨ ᠮᡠᠯᡠ	登穆魯	den mulu	高山梁
69	ᡡᡩᡠ	諤都	ūdu	蒙古語，鳥翅翎
70	ᠪᡠᡨᡠ	布圖	butu	幽暗
71	ᡨᡠᡵᡠ	圖嚕	turu	蒙古語，頭目
72	ᠪᠣᠰᠣ	博索	boso	山陰
73	ᡳᡩᡠ	伊都	idu	班
74	ᠪᠠᡤᠠ	巴噶	baga	蒙古語，小
75	ᡥᠣᡨᠣᠨ	和摶	hoton	城
76	ᡧᠠᠨᠴᡳᠨ	珊沁	šancin	寨
77	ᡥᠣᠶᠣᡵ ᠮᠠᠯ	和約爾瑪勒	hoyor mal	蒙古語，二牲畜

順次	滿　語	漢　字	羅馬拼音	詞　義
78	ᠪᡠᠮᠪᠠ	本　巴	bumba	唐古特語，淨水瓶
79	ᠮᡝᡳᡵᡝᠨ	美　稜	meiren	肩
80	ᡥᠣᠯᠣ ᡠᠨᡨᡠᡥᡠᠨ	和羅溫圖琿	holo untuhun	山谷空
81	ᡳᠯᠠᠴᡳ	伊拉齊	ilaci	第三
82	ᡨᠣᠨᡳᠣ	托　紐	tonio	圍棋
83	ᡩᠠᠸᠠ	達　斡	dawa	唐古特語，月
84	ᡶᡠ ᡳᠣᡳ	扶　餘	fu ioi	本扶餘國故地
85	ᠸᠠᡴᡧᠠᠨ	斡克珊	wakšan	蝦蟆
86	ᡧᡠᠸᠠᡳ ᠪᡳᠨ	率　賓	šuwai bin	本率賓故地

順次	滿　語	漢　字	羅馬拼音	詞　義
87	ᡥᠣᡵᡥᠣ	和爾和	horho	櫃
88	ᡥᠣᡵᠣᠨ	和掄	horon	威
89	ᠵᡠᠪᡴᡳ	珠卜奇	jubki	沙洲
90	ᠵᡠᡵᠰᡠ	珠爾蘇	jursu	雙層
91	ᠮᠠᡵᡳᠪᡠ	瑪哩布	maribu	令回
92	ᠪᡠᡧᠠᡴᠠᠨ	布沙堪	bušakan	微多
94	ᠶᠣᠯᠣ	約羅	yolo	狗頭鵰
95	ᡳᠮᠠ	伊瑪	ima	蒙古語，山羊
96	ᠠᡩᡠᠴᡳ	阿都齊	aduci	牧馬人
97	ᠪᠠᠶᠠᠨ	巴延	bayan	富
98	ᡧᡠᠸᠠ ᡩᠠᠪᠠᡤᠠᠨ	刷達 巴罕	šuwa dabagan	樹林嶺

順次	滿語	漢字	羅馬拼音	詞義
99	ᠰᡳᡧᠠ	實沙	siša	腰鈴
100	ᠮᠠᡩᠠᡤᡝ	瑪達格	madage	愛惜小兒之辭
101	ᠨᠠᡵᡥᡡᠨ	納爾琿	narhūn	細
102	ᡠᠰᡠ ᠰᠠᠪᠠ	烏蘇薩巴	usu saba	蒙古語，水器皿
103	ᡥᡡᡨᡠᡵᡳ ᠪᠠ	呼圖哩巴	hūturi ba	福地
104	ᠶᠠᠰᠠ	雅薩	yasa	目
105	ᡥᠣᠵᡳᡤᡝᡵ	和濟格爾	hojiger	蒙古語，頭禿
106	ᠯᠣᠩᡥᠣ ᠰᠠᠪᠠ	隆和薩巴	longho saba	蒙古語，罈器皿
107	ᡨᡝᠮᡝᠨ	特們	temen	駝

順次	滿　語	漢　字	羅馬拼音	詞　義
108	ᠰᡝᠯᠨᡳᠶᠠᠨ	色勒年	selniyan	唐古特語，鐃
109	ᡥᡝᡵᡤᡝᠨ ᠠᠯᡳᠨ	赫爾根阿林	hergen alin	手足紋山
110	ᡶᡠᠰᡝᠨ	富森	fusen	孳生
111	ᡨᠠᠮᠰᡝ	塔木色	tamse	罐
112	ᡥᡠᡵᡤᡝᠨ	呼爾根	hurgen	農器一具
113	ᠰᠣᠨᠵᠣᡥᠣ	筭卓和	sonjoho	選拔
114	ᠮᡠᡧᡠᠯᡠᠩ	穆舒隆	mušulung	唐古特語，山村
115	ᠰᠠᠮᠠᠨ	薩滿	saman	巫
116	ᡥᠣᡵᠣᡤᠠᡨᡠ	和囉噶圖	horogatu	蒙古語，院落
117	ᡩᠠᠯᡠ	達魯	dalu	蒙古語，琵琶骨

順次	滿　語	漢　字	羅馬拼音	詞　義
118	ᡥᠠᡳᠯᡠᡴᠰᠠᠨ	海魯克繖	hailuksan	蒙古語，化
119	ᡨᡠᡳ ᠪᡳᡵᠠ	推必喇	tui bira	喀爾喀地名
120	ᡯᠠᠩᠪᠣ	臧博	dzangbo	唐古特語，好
121	ᡩᠠᠨᠠ	達納	dana	蒙古語，管
122	ᠵᡳᡵᠠᠮᡳᠨ	濟喇敏	jiramin	厚
123	ᡥᠣᠯᠣ ᡥᠣᡨᠣᠨ	和羅 和摶	holo hoton	山谷城
124	ᠰᡠᠩᡤᠠᡵᡳ	松阿哩	sunggari	天河
125	ᠵᡠᡨ	珠特	jut	蒙古語，饑
126	ᡝᠯᡥᡝ ᡤᡝᠮᡠᠨ	額勒赫格們	elhe gemun	安京

順次	滿　語	漢　字	羅馬拼音	詞　義
127	ᠸᠠᡥᠠᠨ ᠠᠯᡳᠨ	斡罕阿林	wahan alin	馬蹄山
128	ᡥᠠᠰ ᡥᠠᠶᠠ	哈斯哈雅	has haya	玉山墻
129	ᡥᠠᡵᠠ ᠪᠠᡨᡠ	哈喇巴圖	hara batu	蒙古語，黑色、堅固
130	ᠮᡡᠰᡠ	穆蘇	mūsu	蒙古語，冰
131	ᡠᠯᡥᡡ ᠪᡳᡵᠠ	烏勒呼必喇	ulhū bira	蘆葦河
132	ᡴᡠᡳ ᠪᡳᡵᠠ	奎必喇	kui bira	蒙古語，黨河
133	ᡥᠣᡧᠣ	和碩	hošo	隅
134	ᠯᠠᡥᡡ	拉呼	lahū	不攪牲

順次	滿　語	漢　字	羅馬拼音	詞　義
135	ᠰᡝᡵ ᠨᠠᡳ	色爾鼐	ser nai	唐古特語，金地方
136	ᠯᡝᠪᡝᠩᡤᡳ	埒繃伊	lebenggi	陷泥
137	ᡥᠠᠨᠠ	哈納	hana	穹廬墻
138	ᠵᠣᡤᠣᠰ	卓果斯	jogos	蒙古語，錢
139	ᠣᠪᠣ ᠮᡠᡵ	鄂博穆爾	obo mur	蒙古語，堆石、踪跡
140	ᡥᠠᡧᠠ	哈沙	haša	倉房
141	ᡩᠠᡥᠠᠨ ᠪᡳᡵᠠ	達罕必喇	dahan bira	馬駒河
142	ᠰᠠᠯᠠᡤᠠᡨᡠ	薩拉噶圖	salagatu	蒙古語，枝多之樹
143	ᠮᡳᠴᡳᡥᡳᠶᠠᠨ	密齊顯	micihiyan	淺

順次	滿　語	漢　字	羅馬拼音	詞　義
144	ᠰᡠᠮᠠᠯᠠ	蘇瑪拉	sumala	小口袋
145	ᡩᠠᡵᡠᡤᠠ	達嚕噶	daruga	蒙古語，頭目
146	ᠪᡳᡵᡝᠪᡠ	必哷布	birebu	令衝
147	ᡩᠠᠯᡩᠠ	達勒達	dalda	遮蔽
148	ᡥᠠᡳᡥᡡ	海呼	haihū	嬝娜
149	ᠵᠠᠰᡳ	扎實	jasi	唐古特語，吉祥
150	ᡧᡝᠶᡝᠨ ᠴᡳᡵᠠ	舍音齊喇	šeyen cira	白色面貌
151	ᡠᠨᡩᡠ ᠪᡳᡵᠠ	温都必喇	undu bira	縱河
152	ᠨᠠᡵᡳᠨ ᠵᠣᡤᠣᠰ	納琳卓果斯	narin jogos	蒙古語，細錢

順次	滿　語	漢　字	羅馬拼音	詞　義
153		松科錫特亨	songko sithen	蹤跡匣
154		古勒達爾罕尼巴	gūldargan i ba	有海燕之處
155		和寧	honin	羊
156		扎拉	jala	媒人
157		昂吉爾	anggir	蒙古語，大黃野鴨
158		音達琿尼約	indahūn niyo	犬、水甸
159		納喇薩喇	nara sara	蒙古語，日月

順次	滿語	漢字	羅馬拼音	詞義
160		歡托和	hontoho	一半
161		額頁阿林	eye alin	窖山
162		亨克阿林	hengke alin	瓜山
163		烏都温	uduwen	公貔
164		富僧額	fusengge	孳生
165		伊囉斡	irowa	蒙古語，吉兆
166		鄂爾多	ordo	亭
167		嘉勒斡	jiyalwa	唐古特語，勝
168		額勒本	elben	茅草

順次	滿　語	漢　字	羅馬拼音	詞　義
169		烏展	ujan	田邊
170		托克托圖	toktotu	蒙古語，有定規
171		烏拉圖	ulatu	蒙古語，有驛站處
172		騰	ten	極至
173		布希	buhi	
174		齊喇 哈藩	cira hafan	嚴官
175		紐斡哩	niowari	綠色
176		薩勒扎	salja	岐路

資料來源：《欽定四庫全書》，「史部」，《欽定金史語解》，卷三。

表中所列地理類名稱，共計一七六個，以滿洲語為本，並列漢字。除滿洲語外，還含有頗多源自蒙古語、唐古特語的地理類名稱。表中名稱布爾罕（burhan），蒙古語，意即「佛」，卷一作「僕斡」，是水名，卷七十二作「婆刺趕」，是山名。地名扎蘭（jalan），滿語，意即「世代」，卷一作「耶懶」，卷七十作「押懶」。表中海古勒（haigūl），蒙古語，意即「後護」，卷一作「海古」，是地名，又是水名。水名按春（ancun），滿語，意即「耳墜」，卷一作「安出虎」，卷四作「按出滸」，卷二十四作「阿朮滸」，卷六十七作「安朮虎」。地名蘇伯（sube），滿語，意即「筋」，卷一作「蘇濱」。水名佛頁（feye），滿語，意即「巢穴」，卷一作「僕鷰」。甸名古哩（guri），滿語，意即「遷移」，卷一作「沽里」。村名巴喇濟（baraji），蒙古語，意即「完」，卷一作「逼剌紀」。表中海蘭（hailan），滿語，意即「榆樹」，卷一作「孩懶」，卷三作「曷懶」，卷二十四作「合懶」，是水名，又是路名。水名鄂敏（omin），滿語，意即「饑」，卷一作「斡泯」。水名特克新特布（teksin tebu），滿語，「特克新」，意即「齊整」，「特布」，意即「裝載」，卷一作「泰神忒保」。表中圖們（tumen），滿語，意即「萬數」，卷一作「統門」，卷二作「駞門」，卷三作「徒門」，是地名，又是村名、水名。水名舍音（šeyen），滿語，意即「白色」，卷一作「神隱」。

表中巴喇密特（baramit），蒙古語，意即「（到）彼岸」，乃梵語「波羅蜜多」“pāramitā”之音譯，卷一作「拔里邁」，是濼名，卷二作「婆盧買」，卷六十七作「蒲蘆買」，是水名。表中拉林（lalin），滿語，是寧古塔地名，卷一作「來流」，卷二作「落藜」，卷二十四作「淶流」，卷一〇三作「烈隣」，是地名，又是水名。村名阿勒哈（alha），滿語，意即「花紋」，卷一作「阿里矮」。

水名舍琿（šehun），滿語，意即「曠野」，卷一作「舍很」。水名特克（teke），蒙古語，意即「大角羊」，卷一作「貼割」。水名摩多圖（modotu），蒙古語，意即「有樹之處」，卷一作「婆多吐」，又作「破多吐」，卷六十七作「波多吐」，又作「破多退」。表中托果（togo），蒙古語，意即「釜」，卷一作「脫豁」。地名安巴（amba），滿語，意即「大」，卷一作「阿不」。地名實都（sidu），蒙古語，意即「牙」，卷一作「斜堆」。甸名蘇蘇（susu），滿語，意即「籍貫」，卷一作「蘇素」，卷二十三作「蘇速」，卷九十九作「速速」。水名哲克依（jekei），蒙古語，意即「平常」，卷一作「直屋鎧」。表中屯（tun），滿語，意即「島」，卷一作「陶温」，又作「土温」，卷一二一作「濤温」，是水名，又是路名。水名刷（šuwa），滿語，意即「樹林」，是指山後密林，卷一作「帥」。村名穆哩罕（murihan），滿語，意即「轉彎處」，村落中「轉角房」，讀作“murihan boo”，卷一作「抹離海」。水名錫馨（sihin），滿語，意即「房簷」，卷一作「星顯」。城名通恩（tunggen），滿語，意即「胸」，卷一作「鈍恩」。水名圖嚕庫（turuku），蒙古語，意即「生」，卷一作「徒籠古」。水名琿春（huncun），位於寧古塔東南，卷一作「渾蠢」。城名穆嚕密斯罕（muru mishan），滿語，「穆嚕」，意即「模樣」，「密斯罕」，意即「墨線」，卷一作「米里迷石罕」。嶺名佛寧（feniyen），滿語，意即「羣」，卷一作「盆搦」。表中伊勒呼（ilhū），滿語，意即「一順」，卷一作「乙離骨」，卷二十三作「移鹿古」，是嶺名，又是水名。水名綽滿（coman），滿語，意即「大酒杯」，卷一作「注阿門」。路名額訥斯琿（eneshun），滿語，意即「偏坡」，卷一作「涅囊虎」。路名恩楚（encu），滿語，意即「異」，卷一作「蠢出」。村名興克（hingke），滿語，意即「瘠田」，是薄地，卷一作「興和」。

水名矩威（gioi ui），唐古特語，「矩」，意即「十數」，「威」，意即「中」，卷一作「主隈」，卷二作「燭隈」，卷七十一作「燭偎」。水名圖塔（tuta），滿語，意即「存留」，卷一作「禿答」。表中呼爾哈（hūrha），卷一作「活羅海」，卷三作「鶻里改」，卷六作「胡里改」，是川名，又是路名。嶺名瑪奇（maki），滿語，意即「纛纓」。地名博齊赫（bocihe），滿語，意即「醜」，卷一作「北琴海」。城名歡塔（hūwanta），滿語，意即「荒山」，卷一作「泓忒」。鄉名摩琳（morin），滿語，意即「馬」，卷二作「末隣」。山名額斯琿（eshun），滿語，意即生熟之「生」，卷二作「阿斯温」。村名阿勒錦（algin），滿語，意即「名譽」，又譯作「聲名」。嶺名沙班（šaban），滿語，意即「屐齒」，卷二作「沙偏」。表中伊蘭（ilan），滿語，意即「三」，卷二作「移懶」，卷八十一作「移离」，是路名，又是地名。路名斡琿（wahūn），滿語，意即「臭」，卷二作「斡忽」。路名集賽（jisai），蒙古語，意即「班次」，卷二作「急賽」，卷七十一作「忽賽」。路名安圖（antu），滿語，意即「山陽」，卷二作「完睹」。地名唐古特（tanggūt），西番部名，卷二作「唐括帶」。地名旺結（wang giye），唐古特語，「旺」，意即「權」，「結」，意即「開廣」，卷二作「斡甲」。水名扎扎（jaja），滿語，意即「背負」，卷二作「扎只」。水名成默（cengme），滿語，意即「毴毶」，卷二作「讒謀」。地名珠赫（juhe），滿語，意即「冰」，卷二作「出河」。濼名沃稜（weren），滿語，意即「水紋」，卷二作「斡論」，又作「斡隣」。岡名阿嚕（aru），蒙古語，意即「山陰」，卷二作「阿婁」。地名約囉（yoro），滿語，意即「骲頭」，卷二作「爻剌」。濼名舒吉（šugi），滿語，意即「津液」，卷二作「熟結」，卷七十二作「熟吉」。岡名呼岱巴（hūdai ba），滿語，意即「市」、「市集」，卷二作「護步答」。表中德里（deli），滿語，意即「盤石」，卷二作「特隣」，又作「鐵呂」，是城名，又是川名。城名昭蘇（joosu），蒙古語，意即「錢」，卷二作「照散」，又作「照三」，卷六十五作「照撒」。水名博囉（boro），蒙古語，意即「青色」，卷二作「匹里」。水名沃赫（wehe），滿語，意即「石」，卷二作「沃黑」。山名哈達拉（hadala），滿語，意即「轡」，卷二作「合達剌」。地名登穆魯（den mulu），滿語，意即「高山梁」，卷二作「篤密呂」，卷一三三作「迪謀魯」。表中諤都（ūdu），蒙古語，意即「鳥翅翎」，卷二作「斡獨」，卷九十一作「斡篤」，是山名，又是河名。濼名布圖（butu），滿語，意即「幽暗」，卷二作「部堵」。濼名圖嚕（turu），蒙古語，意即「頭目」，卷三作「吐祿」。路名博索（boso），滿語，意即「山陰」，卷三作「婆速」。谷名伊都（idu），滿語，意即「班」，卷三作「余睹」。

表中巴噶（baga），蒙古語，意即「小」，卷三作「龐葛」，是城名，卷一二一作「跋苦」，是水名。水名和摶（hoton），滿語，意即「城」，卷三作「渾疃」。表中珊沁（šancin），滿語，意即「寨」，山寨是山上的小城，卷三作「僝蠢」，卷六十七作「潺春」，卷一二二作「山春」，是水名，又是地名。路名和約爾瑪勒（hoyor mal），蒙古語，「和約爾」，意即「二」，「瑪勒」，意即「牲畜」，卷四作「核耶呆米」。河名本巴（bumba），唐古特語，意即「淨水瓶」，卷四作「百泊」。地名美稜（meiren），滿語，意即「肩」，卷四作「謀勒」。地名和羅温圖琿（holo untuhun），滿語，「和羅」，意即「山谷」，「温圖琿」，意即「空」，卷四作「忽刺渾土温」。山名伊拉齊（ilaci），滿語，意即「第三」，卷五作「立列只」。山名托紐（tonio），滿語，意即「圍碁」，卷五作「途你」，卷七十七作「鐵尼」。地名達斡（dawa），唐古特語，意即「月」，卷五作「鐸瓦」，卷一二一作「迪斡」。路名扶餘（fu ioi），本扶餘國故地，卷五作「蒲與」。山名斡克珊（waksan），滿語，意即「蝦蟆」，卷五作「窊合山」。路名率賓（šuwai bin），本率賓故地，卷六作「速頻」，卷十四作「恤品」。表中和爾和（horho），滿語，意即「櫃」，卷六作「曷里滸」，卷二十四作「曷里許」，是川名，卷一〇一作「火魯虎」，卷一二〇作「胡刺渾」，是河名。表中和掄（horon），滿語，意即「威」，卷七作「胡刺温」，是地名，卷六十七作「活論」，卷八十一作「胡論」，是水名。表中珠卜奇（jubki），滿語，意即「沙洲」，卷七作「阻居」，是地名，卷八十一作「朮吉」，是水名。地名珠爾蘇（jursu），滿語，意即「雙層」，卷七作「乣里舌」。地名瑪哩布

（maribu），滿語，意即「令回」，卷七作「彌離補」。地名布沙堪（bušakan），滿語，意即「微多」，卷七作「蒲速椀」。河名約羅（yolo），滿語，意即「狗頭鵰」，藏狗，即西藏犬，亦稱「約羅」。表中伊瑪（ima），蒙古語，意即「山羊」，卷七作「移馬」，卷九十三作「移米」，是河名，又是嶺名。地名阿都齊（aduci），滿語，意即「牧馬人」，卷八作「斡覩只」。淀名巴延（bayan），滿語，意即「富」，卷八作「勃野」。地名刷達巴罕（šuwa dabagan），滿語，「刷」，意即「樹林」，就是山後密林，「達巴罕」，意即「嶺」，卷八作「率督畔窟」。河名實沙（siša），滿語，意即「腰鈴」，卷八作「轄沙」。山名瑪達格（madage），滿語，意即「愛惜小兒之辭」，手拍脊背疼愛老人家及小孩子，俱讀如「瑪達格」，卷九作「麻達葛」。表中納爾琿（narhūn），滿語，意即「細」，卷十作「納里渾」，卷八十一作「納魯悔」，是莊名，又是河名。

地名烏蘇薩巴（usu saba），蒙古語，「烏蘇」，意即「水」，「薩巴」，意即「器皿」，卷十作「烏十撒八」。山名呼圖哩巴（hūturi ba），滿語，意即「福地」，卷十作「胡土白」。地名雅薩（yasa），滿語，意即「目」，卷十作「杳沙」。地名和濟格爾（hojiger），蒙古語，意即「頭禿」，卷十作「豁赤火」。地名隆和薩巴（longho saba），蒙古語，「隆和」，意即「罈」，「薩巴」，意即「器皿」，卷十作「魯温合失不」。地名特們（temen），滿語，意即「駝」，卷十作「特滿」。地名色勒年（selniyan），唐古特語，意即「鐃」，卷十一作「轄里裊」，卷五十作「轄里尼要」。城名赫爾根阿林（hergen alin），滿語，意即「手足紋山」，卷十一作「合里哥阿隣」。地名富森（fusen），滿語，意即「孳生」，卷十一作「蒲思衍」。地名塔木色（tamse），滿語，意即「罐」，卷十一作「坦舌」。地名呼爾根（hurgen），滿語，意即「一具」，是指農器一具之具，卷十一作「胡烈公」，卷九十三作「胡烈么」。地名算卓和（sonjoho），滿語，意即「選拔」，卷十一作「算注海」，卷九十四作「算朮海」，卷一二〇作「算主海」。

堡名穆舒隆（mušulung），唐古特語，意即「山村」，卷十二作「抹熟籠」。谷名薩滿（saman），滿語，意即「巫」，卷十二作「撒牟」。地名和囉噶圖（horogatu），蒙古語，意即「院落」，卷十四作「和魯忽土」。地名達魯（dalu），蒙古語，意即「琵琶骨」，卷十四作「迭魯」，卷六十三作「敵魯」。地名海魯克繖（hailuksan），蒙古語，意即「化」，卷十六作「海谷忽申」。地名推必喇（tui bira），喀爾喀地名，卷十六作「洮委必剌」。地名臧博（dzangbo），唐古特語，意即「好」，卷十六作「桑逋」。地名達納（dana），蒙古語，意即「管」，卷十六作「答那」。地名濟喇敏（jiramin），滿語，意即「厚」，卷二十四作「吉里迷」。地名和羅和摶（holo hoton），滿語，「和羅」，意即「山谷」，「和摶」，意即「城」，卷二十四作「火魯火疃」。江名松阿哩（sunggari），滿語，意即「天河」，卷二十四作「宋瓦」。城名珠特（jut），蒙古語，意即「（自然）災害」，語解作「饑歲之饑」，異，卷二十四作「周特」。地名額勒赫格們（elhe gemun），滿語，「額勒赫」，意即「安」，「格們」，意即「京」，卷二十四作「忽土皚葛蠻」，卷八十五作「胡土靄哥蠻」，卷九十三作「胡土愛割蠻」。地名斡罕阿林（wahan alin），滿語，「斡罕」，意即「馬蹄」，「阿林」，意即「山」，卷二十四作「斡可阿憐」。

關名哈斯哈雅（has haya），蒙古語，「哈斯」，意即「玉」，「哈雅」，意即「山墻」，卷二十四作「曷撒罕酉」。地名哈喇巴圖（hara batu），蒙古語，「哈喇」，意即「黑色」，「巴圖」，意即「堅固」，卷二十四作「合里賓忒」。地名穆蘇（mūsu），蒙古語，意即「冰」，卷二十四作「馬速」。河名烏勒呼必喇（ulhū bira），滿語，「烏勒呼」，意即「蘆葦」，「必喇」，意即「河」，卷二十四作「兀魯忽必剌」。河名奎必喇（kui bira），蒙古語，「奎」，意即「黨」，「必喇」，意即「河」，卷二十四作「叩隈必剌」。表中和碩（hošo），滿語，意即「隅」，卷二十四作「胡設」，是地名，卷六十四作「曷速」，卷九十三作「呼歇」，是河名。地名拉呼（lahū），滿語，意即「不攪牲」，不善殺牲者，卷二十四作「烈虎」。

地名色爾鼐（ser nai），唐古特語，「色爾」，意即「金」，「鼐」，意即「地方」，卷二十四作「撒里乃」。泉名埒綳伊（lebenggi），滿語，意即「陷泥」，「低濕地」，讀作"lebenggi ba"，卷二十四作「落孛魯」。地名哈納（hana），滿語，意即「穹廬墻」，就是氈屋帳房的木墻，卷二十四作「合裊」。地名卓果斯（jogos），蒙古語，意即「錢」，卷二十四作「追古思」。地名鄂博穆爾（obo mur），蒙古語，「鄂博」，意即「堆石以為祭處」，「穆爾」，意即「踪跡」，卷二十四作「阿不漠」。表中哈沙（haša），滿語，意即「倉房」，卷二十四作「合沙」，是地名，卷九十三作「赫沙」，是河名。河名達罕必喇（dahan bira），滿語，「達罕」，意即「馬駒」，「必喇」，意即「河」，卷二十四作「喝必剌」。地名薩拉噶圖（salagatu），蒙古語，意即「枝多之樹」，卷二十四作「撒里葛睹」。河名密齊顯（micihiyan），滿語，意即「淺」，卷二十四作「梅堅」。地名蘇瑪拉（sumala），滿語，意即「小口袋」，亦稱「半大口袋」，卷二十四作「速馬刺」。

表中達嚕噶（daruga），蒙古語，意即「頭目」，卷二十四作「撻魯古」，是河名，卷七十三作「達魯古」，是城名。泉名必哷布（birebu），滿語，意即「令衝」，卷二十四作「別里不」。表中達勒達（dalda），滿語，意即「遮蔽」、「隱蔽」，卷二十四作「達里帶」，是地名，又是城名。河名海呼（haihū），滿語，意即「嬝娜」，卷二十四作「鶻五」。地名扎實（jasi），唐古特語，意即「吉祥」，卷二十四作「查沙」。濼名舍音齊喇（šeyen cira），滿語，「舍音」，意即「白色」，「齊喇」，意即「面貌」，卷二十四作「勺赤勒」。河名温都必喇（undu bira），滿語，「温都」，意即「縱横之縱」，「必喇」，意即「河」，卷二十四作「王敦必剌」。地名納琳卓果斯（narin jogos），蒙古語，「納琳」，意即「細」，「卓果斯」，意即「錢」，卷二十四作「拿憐朮花速」。地名松科錫特亨（songko sithen），滿語，「松科」，意即「踪跡」，「錫特亨」，意即「匣」，卷二十四作「宋葛斜忒渾」。地名古勒達爾罕尼巴（gūldargan i ba），滿語，意即「有海燕之處」，句中「海燕」，又稱「越燕」，卷二十四作「吉甫魯灣苑北」。城名和寧（honin），滿語，意即「羊」，卷二十四作「火唵」。嶺名扎拉（jala），滿語，意即「媒人」，卷二十四作「查剌」。

濼名昂吉爾（anggir），蒙古語，意即「野鴨之大而色黃者」，卷二十四作「昂吉」。濼名音達琿尼約（indahūn niyo），滿語，「音達琿」，意即「犬」，「尼約」，意即「水甸」，就是「水草甸子」（niyo i ba），卷二十四作「押恩尼要」。山名納喇薩喇（nara sara），蒙古語，意即「日月」，卷二十四作「涅里塞一」。地名歡托和（hontoho），滿語，意即「一半」，卷二十四作「曷董館」。地名額頁阿林（eye alin），滿語，「額頁」，意即「窖」，「阿林」，意即「山」，卷二十四作「葛也阿隣」。地名亨克阿林（hengke alin），滿語，「亨克」，意即「瓜」，「阿林」，意即「山」，卷二十四作「抗葛阿隣」。地名烏都温（uduwen），滿語，意即「公貔」，卷二十四作「斡獨椀」。地名富僧額（fusengge），滿語，意即「孳生」，卷二十四作「蒲速斡」，又作「蒲速椀」。地名伊囉斡（irowa），蒙古語，意即「吉兆」，卷二十四作「耶魯椀」，卷六十五作「耶魯瓦」。地名鄂爾多（ordo），滿語，意即「亭」，卷二十四作「訛里都」。地名嘉勒斡（jiyalwa），唐古特語，意即「勝」，卷二十四作「乣斡」。地名額勒本（elben），滿語，意即「茅草」，卷二十四作「歐里本」，卷一二一作「歐里不」。地名烏展（ujan），滿語，意即「田地之邊」，卷二十四原文作「烏展」。地名托克托圖（toktotu），蒙古語，意即「有定規」，卷二十四作「駝駝都」。地名烏拉圖（ulatu），蒙古語，意即「有驛站之處」，卷二十四作「訛魯都」。地名騰（ten），滿語，意即「極至」，卷二十四作「忒恩」。地名布希（buhi），卷二十四作「蒲鮮」。關名齊喇哈藩（cira hafan），滿語，「齊喇」，意即「嚴」，「哈藩」，意即「官」，卷二十四作「查剌合攀」。地名紐斡哩（niowari），滿語，意即「綠色」，卷二十四作「留斡嶺」。關名薩勒扎（salja），滿語，意即「岐路」、「岔路口」、「三岔路」，卷二十四作「斜烈只」。

從地名含義有助於了解地形地貌的特色，安圖（antu），意即「山陽」，阿嚕（aru），意即「山陰」，珠卜奇（jubki），意即「沙洲」，烏拉圖（ulatu），意即「有驛站處」，摩多圖（modotu），意即「有樹之處」，穆哩罕（murihan），意即「轉彎處」，興克（hingke），意即「瘠田」，歡塔（hūwanta），意即「荒山」，刷達巴罕（šuwa dabagan），意即「樹林嶺」。

欽定金史語解卷四

地理

特哩伊遜（特哩 額伊 遜）

特哩袞 蒙古語鬃首也卷四十二作土骨渾地名

（特阿 額額）

特赫 渟水也卷四十四作忒黑河名

（搭哈 阿阿）

扎哈 蒙古語田地邊也卷四十四作顛合地名

六、《欽定金史語解》地理（二）

《欽定金史語解・地理》滿漢對照表

順次	滿　語	漢　字	羅馬拼音	詞　義
1		特哩袞	terigun	蒙古語，為首
2		特赫	tehe	渟水
3		扎哈	jaha	蒙古語，田地邊
4		額勒敏	elmin	未搭鞍之馬
5		鄂勒歡	olhon	乾
6		錫布	sibu	令塞
7		佛們	femen	唇
8		瑠僧	lioseng	
9		察遜	casun	蒙古語，雪

順次	滿語	漢字	羅馬拼音	詞義
10	ᡩᠣᡨᠠᡤᡡ	多塔古	dotagū	蒙古語，缺少
11	ᠵᡝᡵᡤᡠᠸᡝᠨ	哲爾袞	jerguwen	欄杆
12	ᠮᠠᠵᠠᠨ	瑪展	majan	長披箭
13	ᠪᠠᠨᡩᡳ ᠶᡝᠨ	班第音	bandi yen	唐古特語，是小僧
14	ᡠᠵᡳ	烏濟	uji	養
15	ᡥᠠᠯᡥᡡᠨ	哈勒琿	halhūn	熱
16	ᠣᠶᠣ	鄂約	oyo	氈廬頂
17	ᡳᡩᡠᠨ	伊敦	idun	粗澁
18	ᡥᠠᡳᠯᡠᠨ	海倫	hailun	水獺
19	ᡠᠨᡨᡠᡥᡠᠨ	溫圖琿	untuhun	空

順次	滿　語	漢　字	羅馬拼音	詞　義
20	ᠶᡝᠨᡩᡝᡵ	音德爾	yender	蒙古語，臺堦
21	ᠪᠣᠯᡤᠣ	博勒和	bolgo	潔淨
22	ᡥᠣᠪᠣᡤᠣ	和博果	hobogo	蒙古語，柳罐
23	ᠰᡳᠯᡝ	實埒	sile	湯
24	ᡤᡠᡵᠵᡝᠨ	古爾珍	gurjen	蟋蟀
25	ᠰᠠᡥᠠ	薩哈	saha	小圍
26	ᠪᡠᡨᡝᠨ	布騰	buten	山足
27	ᠪᠠᡤᡡ	巴固	bagū	蒙古語，下降
28	ᠮᠣ ᠮᡳ	茂密	mo mi	唐古特語，婦人
29	ᠪᠣᡩᡳ	博迪	bodi	蒙古語，菩提
30	ᠨᠠᡤᡡᡵ	納古爾	nagūr	蒙古語，池

順次	滿　語	漢　字	羅馬拼音	詞　義
31	ᡨᠣᡥᠣᡳ	托輝	tohoi	蒙古語，河灣
32	ᠪᡳᠯᡥᠠ	必勒哈	bilha	咽喉
33	ᡥᠠᠰᡥᠠᠨ	哈斯罕	hashan	籬
34	ᠶᠠᠯᡠ	雅魯	yalu	田畔
35	ᡝᠨᡝ ᡤᡝᡵ	額訥格爾	ene ger	蒙古語，此室
36	ᡥᡝᠪᡝ	赫伯	hebe	商議
37	ᡠᡵᡠᠰᡥᠠᠵᡠ	烏嚕斯哈珠	urushaju	蒙古語，使水流
38	ᠪᡠᡴᡨᠠᠨ	布克坦	buktan	土堆
39	ᠠᠪᠰᠠ	阿卜薩	absa	樺皮桶
40	ᠨᠠ ᠪᠠᡴᡨᠠᠨ	納巴克坦	na baktan	地容
41	ᡨᡠᡴᡠ	圖庫	tuku	表

順次	滿語	漢字	羅馬拼音	詞義
42	ᠸᡝᠮᡦᡳ	溫闢	wempi	化
43	ᠸᡝᠵᡳ	沃濟	weji	樹林
44	ᡠᠮᡤᠠᠨ	烏木罕	umgan	骨髓
45	ᠰᡝᠴᡝᠨ	色辰	secen	髮分道
46	ᠠᠪᡠᠰᠠᠨ	阿布繖	abusan	蒙古語，取
47	ᡥᡝᠯᡳᠶᡝᠨ	赫林	heliyen	碓
48	ᡨᡝᠮᡝᡨᡠ	特默圖	temetu	蒙古語，出駝之處
49	ᡨᡠᡤᡡᠯ	圖古勒	tugūl	蒙古語，牛犢
50	ᡝᡨᡠᡥᡠᠨ	額圖琿	etuhun	強
51	ᡥᡡᠯᠠᠪᡠ	呼拉布	hūlabu	令念
52	ᠮᡠᡵᡝᠨ	穆稜	muren	蒙古語，江

順次	滿　語	漢　字	羅馬拼音	詞　義
53		阿爾本 特克新	arbun teksin	形齊整
54		桑阿塔	sanggata	有孔
55		阿齊呼	acihū	蒙古語，駝馱
56		隆科	longko	銅鍋
57		克斯	kes	齊坎
58		舒舒	šušu	高粱
59		庫堪	kuk'an	炕沿
60		和琳	horin	蒙古語，二十
61		必喇	bira	河
62		和勒端	holdon	菓松

順次	滿　語	漢　字	羅馬拼音	詞　義
63	ᠮᡝᠯᠮᡝᠨ	默勒們	melmen	血定住
64	ᡨᡠᠪ ᠮᡠᡵ	圖卜穆爾	tub mur	蒙古語，正踪跡
65	ᠪᡳᡨᠠ	必塔	bita	河一邊深一邊淺
66	ᡥᠣᡨᠣ	和托	hoto	葫蘆
67	ᡳᡩᡝ	伊德	ide	蒙古語，食
68	ᠵᡠᠰᡠᡵ	珠蘇爾	jusur	蒙古語，奸詐
69	ᡳᡨᡠ	伊圖	itu	半翅
70	ᠣᡵᡥᠣ	鄂爾和	orho	草
71	ᡥᡳᡵᡥᠠ	希爾哈	hirha	火石
72	ᡤᡡᠨᠠ	古納	gūna	三歲牛
73	ᡝᠯᡤᡳᠶᡝᠨ	額勒錦	elgiyen	豐

順次	滿語	漢字	羅馬拼音	詞義
74		阿里瑪	alima	蒙古語， 棃
75		特通額	tetungge	成器
76		烏爾古	urgū	蒙古語， 孳生
77		斡里	wali	幻術
78		伊騰 伊罕	iten ihan	二歲牛
79		伊克	ike	蒙古語， 大
80		尼瑪蘭	nimalan	桑
81		哈屯	hatun	蒙古語， 王妃
82		鄂摩	omo	池
83		頁嚕 伯奇	yeru beki	獸穴 堅固

順次	滿　語	漢　字	羅馬拼音	詞　義
84	ᠵᠠᠰᠠᡴ	扎薩克	jasak	蒙古語，政事
85	ᠰᠣᠯᠮᡳᠨ	索勒敏	solmin	眼睫毛
86	ᡨᡝᠮᡝᠴᡳ	特默齊	temeci	蒙古語，司駝人
87	ᡩᠣᠣᡵᠠᠨ	道蘭	dooran	荒蕪地
88	ᡨᠠᠯᡠ	塔魯	talu	索倫語，樺皮
89	ᠪᠣᠨᠣ	博諾	bono	雹
90	ᠵᠣᡵᡳᠨ	卓琳	jorin	指
91	ᡠᠵᡳᡥᡝ	烏濟赫	ujihe	已養
92	ᠮᡠᡵ ᠮᠠᠣ	穆爾茂	mur mao	蒙古語，踪跡不善
93	ᠪᡳᡵᡤᠠᠨ	必爾罕	birgan	小河

順次	滿　語	漢　字	羅馬拼音	詞　義
94	ᡶᡠᠯᡝᡥᡝ ᡥᠠᡵᡤᡳ	富埒赫 哈爾吉	fulehe hargi	根本 湍水
95	ᠨᠠᡤᠠᠨ	納罕	nagan	炕
96	ᡠᡴᡩᡠᠨ	烏克敦	ukdun	土窯
97	ᡠᡨᠠ	烏塔	uta	蒙古語，烟
98	ᡨᠣᡵᠣ	托囉	toro	桃
99	ᡨᠣᠵᡳᠨ	托津	tojin	孔雀
100	ᠮᡝᡳᡥᡝ	梅赫	meihe	蛇
101	ᠠᠯᡳᠨ	阿林	alin	山
102	ᠨᠠᠨᡨᡠᡥᡡᠨ	南圖琿	nantuhūn	污穢
103	ᠶᠠᠯᡥᡡ	雅勒呼	yalhū	整木槽盆
104	ᡨᡝᠪᡠ	特布	tebu	裝載

順次	滿　語	漢　字	羅馬拼音	詞　義
105	ᡤᠠᠯᠵᡠ	噶勒珠	galju	快手
106	ᡤᡠᠩᡤᡠᠯᡠ	恭古魯	gunggulu	鳳頭
107	ᠯᠠᠮᡠᠨ ᡥᡡᠸᠠ	拉們華	lamun hūwa	藍院
108	ᡥᡳᠴᡠᡥᠠ	希楚哈	hicuha	尋隙
109	ᡴᡠᡳᡨᡝᠨ	奎騰	kuiten	蒙古語，冷
110	ᠰᡝᡴᡝ	色克	seke	貂鼠

資料來源：《欽定四庫全書》，「史部」，《欽定金史語解》，卷四。

表中所列地理類名稱，共計一一〇個，以滿洲語為本，並列漢字。除滿洲語外，還含有頗多源自蒙古語、唐古特語的地理類名稱。表中地名特哩袞（terigun），蒙古語，意即「為首」，卷四十二作「土魯渾」。河名特赫（tehe），滿語，意即「渟水」，又作「存水」，“tehe muke”，意即「窪地存定的水」，卷四十四作「忒黑」。地名扎哈（jaha），蒙古語，意即「田地邊」，卷四十四作「醮合」。地名額勒敏（elmin），滿語，意即「未搭鞍之馬」，是新馬，卷四十四作「移里閔」。地名鄂勒歡（olhon），滿語，意即「乾」，卷四十四作「斡魯渾」。地名錫布（sibu），滿語，意即「令塞」，卷四十四作「翕浦」。表中佛們（femen），滿語，意即「唇」，卷四十四作「付母温」，是山名，卷八十五作「盆買」，是河名。地名瑠僧（lioseng），卷四十四作「劉僧」。

河名察遜（casun），蒙古語，意即「雪」，卷四十六作「禪春」。地名多塔古（dotagū），蒙古語，意即「缺少」，卷四十九作「兆答館」。地名哲爾袞（jerguwen），滿語，意即「欄杆」，卷五十五作「扎里瓜」。地名瑪展（majan），滿語，意即「長披箭」，卷五十五作「梅堅」。地名班第音（bandi yen），唐古特語，「班第」，意即「小僧」，「音」，意即「是」，卷五十七作「板底因」。地名烏濟（uji），滿語，意即「養」，卷五十七作「烏解」。水名哈勒琿（halhūn），滿語，意即「熱」，卷六十三作「活剌渾」。村名鄂約（oyo），滿語，意即「氈廬頂」，又作「氈頂子」，卷六十三作「隈鴉」。村名伊敦（idun），滿語，意即「粗澁」，卷六十三作「邑屯」。河名海倫（hailun），滿語，意即「水獺」，卷六十四作「海羅伊」。表中温圖琿（untuhun），滿語，意即「空」，卷六十四作「昏得渾」，卷一二〇作「烏獨渾」，是山名，又是地名。

水名音德爾（yender），蒙古語，意即「臺堦」，卷六十五作「雅達瀾」，卷一二一作「雅撻瀾」。表中博勒和（bolgo），滿語，意即「潔淨」，卷六十五作「琶里郭」，卷七十三作「部羅火」，又作「婆盧火」，卷八十七作「拔盧古」，是水名，又是地名。村名和博果（hobogo），蒙古語，意即「柳罐」，卷六十五作「胡不干」。水名實埒（sile），滿語，意即「湯」，卷六十五作「石勃」。川名古爾珍（gurjen），滿語，意即「蟋蟀」，俗稱「促織」，卷六十五作「胡离畛」，卷七十六作「回离畛」。村名薩哈（saha），滿語，意即「小圍」，卷六十五作「撒阿」。水名布騰（buten），滿語，意即「山足」，又稱「山根」，卷六十五作「闢登」。

嶺名巴固（bagū），蒙古語，意即「下降」，卷六十五作「把忽」。水名茂密（mo mi），唐古特語，意即「婦人」，卷六十五作「毛密」。山名博迪（bodi），蒙古語，意即「菩提」，卷六十五作「蒲底」。河名納古爾（nagūr），蒙古語，意即「池」，卷六十五作「拏兀魯」。山名托輝（tohoi），蒙古語，意即「河灣」，卷六十六作「駝回」。水名必勒哈（bilha），滿語，意即「咽喉」，卷六十六作「苾里海」。關名哈斯罕（hashan），滿語，意即「籬」，卷六十六作「合厮罕」。村名雅魯（yalu），滿語，意即「田畔」，卷六十六作「亞魯」。村名額訥格爾（ene ger），蒙古語，意即「此室」，卷六十六作「納葛里」。村名赫伯（hebe），滿語，意即「商議」，卷六十七作「劾保」。水名烏嚕斯哈珠（urushaju），蒙古語，意即「使水流」，卷六十七作「斡魯紺出」。水名布克坦（buktan），滿語，意即「土堆」，卷六十七作「匹古敦」。水名阿卜薩（absa），滿語，意即「樺皮桶」，卷六十七作「阿跋斯」，卷七十作「阿不塞」，卷八十四作「阿補斯」。村名納巴克坦（na baktan），滿語，「納」，意即「地」，「巴克坦」，意即「容」，卷六十七作「南畢懇忒」。村名圖庫（tuku），滿語，意即「表裏之表」，卷六十七作「吐窟」。村名温闢（wempi），滿語，意即「化」，就是「感化」，卷六十七作「屋闢」。表中沃濟（weji），滿語，意即「樹林」，卷六十七作「烏紀」，是嶺名，卷七十二作「奧吉」，是地名。村名烏木罕（umgan），滿語，意即「骨髓」，卷六十七作「窩謀海」。水名色辰（secen），滿語，意即「頭髮分道」，卷六十七作「斜村」。

河名阿布繖（abusan），蒙古語，意即「取」，卷六十七作「阿不辛」。鄉名赫林（heliyen），滿語，意即「碓」，卷六十七作「訶鄰」。村名特默圖（temetu），蒙古語，意即「出駝之處」，卷六十七作「屯睦吐」。津名圖古勒（tugūl），蒙古語，意即「牛犢」，卷六十七作「姤骨魯」。津名額圖琿（etuhun），滿語，意即「強」，卷六十七作「庵吐渾」。濼名呼拉布（hūlabu），滿語，意即「令念」，卷六十七作「戶魯不」。水名穆稜（muren），蒙古語，意即「江」，卷六十七作「暮稜」。水名阿爾本特克新（arbun teksin），滿語，「阿爾本」，意即「形」，「特克新」，意即「齊整」，卷六十七作「阿里民忒石」。濼名桑阿塔（sanggata），滿語，意即「有孔」，卷六十七作「雙宜大」。水名阿齊呼（acihū），蒙古語，意即「駝馱」，卷六十七作「阿茶檜」。地名隆科（longko），滿語，意即「銅鍋」，卷六十七作「泠國」。山名克斯（kes），滿語，意即「齊坎」，卷六十七作「匆」。水名舒舒（šušu），滿語，意即「高粱」，卷六十八作「蜀束」。山名庫堪（kuk'an），滿語，意即「炕沿」，卷六十八作「胡凱」。表中和琳（horin），蒙古語，意即「二十」，卷六十八作「和陵」，是地名，卷七十六作「忽隣」，是河名。水名必喇（bira），滿語，意即「河」，卷六十八作「鼈剌」。城名和勒端（holdon），滿語，意即「菓松」，卷六十八作「曷董」。水名默勒們（melmen），滿語，意即「血定住」，卷六十八作「米里每」。

地名圖卜穆爾（tub mur），蒙古語，「圖卜」，意即「正」，「穆爾」，意即「踪跡」，卷六十八作「統八門」。水名必塔（bita），滿語，意即「河一邊深一邊淺」，卷七十作「匹脫」。地名和托（hoto），滿語，意即「葫蘆」，卷七十作「花道」。地名伊德（ide），蒙古語，意即「食」，卷七十作「業迭」。地名珠蘇爾（jusur），蒙古語，意即「裁刀」，語解作「奸詐」，訛誤；卷七十作「朮實勒」。地名伊圖（itu），滿語，意即「半翅」，一種山雞，卷七十一作「益褪」。水名鄂爾和（orho），滿語，意即「草」，卷七十一作「沃里活」。河名希爾哈（hirha），滿語，意即「火石」，卷七十一作「石里罕」。嶺名古納（gūna），滿語，意即「三歲牛」，卷七十一作「酷輂」。陂名額勒錦（elgiyen），滿語，意即「豐」，卷七十一作「阿里真」。河名阿里瑪（alima），蒙古語，意即「梨」，卷七十一作「阿里門」。水名特通額（tetungge），滿語，意即「成器」，卷七十一作「特滕吳」。

地名烏爾古（urgu），蒙古語，意即「孳生」，卷七十一作「烏骨」，卷八十作「烏谷」。山名斡里（wali），滿語，意即「幻術」，卷七十一作「窊歷」。路名伊騰伊罕（iten ihan），滿語，意即「二歲牛」，卷七十二作「移墩益海」。表中伊克（ike），蒙古語，意即「大」，卷七十二作「益改」，卷九十作「遊古」，是路名，又是河名。路名尼瑪蘭（nimalan），滿語，意即「桑」，卷七十二作「捺沒懶」。館名哈屯（hatun），蒙古語，意即「王妃」，卷七十二作「可敦」。地名鄂摩（omo），滿語，意即「池」，卷七十二作「訛母」。地名頁嚕伯奇（yeru beki），滿語，「頁嚕」，意即「獸穴」，「伯奇」，意即「堅固」，卷七十三作「乙呂白石」。地名扎薩克（jasak），蒙古語，意即「政事」，卷七十三作「扎石合」。地名索勒敏（solmin），滿語，意即「眼睫毛」，卷七十四作「掃里門」。

地名特默齊（temeci），蒙古語，意即「司駝人」，卷七十四作「徒母堅」。地名道蘭（dooran），滿語，意即「荒蕪地」，卷七十六作「擣里」。河名塔魯（talu），索倫語，意即「樺皮」，卷七十六作「撻魯」。山名博諾（bono），滿語，意即「雹」，卷七十六作「百女」。山名卓琳（jorin），滿語，意即「指」，是意指、指的準頭，卷七十七作「啜里」。表中烏濟赫（ujihe），滿語，意即「已養」，卷八十作「烏只黑」，卷一二八作「吾直克」，是水名，又是地名。甸名穆爾茂（mur mao），蒙古語，「穆爾」，意即「蹤跡」，「茂」，意即「不善」，卷八十作「木里門」。表中必爾罕（birgan），滿語，意即「小河」，卷八十作「闢离密罕」，卷一二三作「畢哩海」，是水名，又是地名。水名富埒赫哈爾吉（fulehe hargi），滿語，「富埒赫」，意即「根本」，「哈爾吉」，意即「湍水」，卷八十作「蒲离古胡什吉」。塞名納罕（nagan），滿語，意即「炕」，卷八十作「拏罕」。山名烏克敦（ukdun），滿語，意即「土窰」，卷八十作「烏古敵昏」。

城名烏塔（uta），蒙古語，意即「烟」，卷八十一作「塢塔」。表中托囉（toro），滿語，意即「桃」，卷八十一作「陁魯」，卷九十四作「陀羅」，是城名，又是山名。城名托津（tojin），滿語，意即「孔雀」，卷八十一作「圖吉」。河名梅赫（meihe），滿語，意即「蛇」，卷八十一作「梅黑」。地名阿林（alin），滿語，意即「山」，卷八十一作「阿隣」。河名南圖琿（nantuhūn），滿語，意即「污穢」，卷八十一作「暗土渾」。城名雅勒呼（yalhū），滿語，意即「整木槽盆」，卷八十一作「押魯虎」。關名特布（tebu），滿語，意即「裝載」，卷八十一作「特鄙」。寨名噶勒珠（galju），滿語，意即「快手」，卷八十一作「胡勒出」。地名恭古魯（gunggulu），滿語，意即「鳳頭」，卷八十一作「袞古里」。地名拉們華（lamun hūwa），滿語，「拉們」，意即「藍色」，「華」，意即「院」，卷八十一作「臘門華」。地名希楚哈（hicuha），滿語，意即「尋隙」、「尋因由」，卷八十一作「奚出痕」。河名奎騰（kuiten），蒙古語，意即「冷」，卷八十一作「庫党」。山名色克（seke），滿語，意即「貂鼠」，卷八十一作「撒葛」。

欽定金史語解卷五

地理

烏俞

裕爾 卷八十二作遙里今從八旗姓氏通譜改正地名

衣阿烏呼

愛呼 母貂也卷八十二作愛也窟河名

鄂啵鄂多鄂和

欽定四庫全書　欽定金史語解 卷五　一

博多和 已算計也卷八十二作婆朶火河名

七、《欽定金史語解》地理（三）

《欽定金史語解．地理》滿漢對照表

順次	滿　語	漢　字	羅馬拼音	詞　義
1	ᠶᡠᡵ	裕爾	yur	
2	ᠠᡳᡥᡡ	愛呼	aihū	母貂
3	ᠪᠣᡩᠣᡥᠣ	博多和	bodoho	已算計
4	ᠨᠠᡵᡳᠨ	納琳	narin	蒙古語， 細
5	ᡥᠣᡳᡶᠠ	輝發	hoifa	吉林烏拉南
6	ᠠᡩᡠᠨ	阿敦	adun	牧場
7	ᠪᠠᡵᡤᡳᠶᠠ	巴爾嘉	bargiya	收
8	ᡩᡠᡵᡠᠨ ᡥᡝᠴᡝᠨ	都掄 赫辰	durun hecen	規模 城
9	ᡤᡳᠶᠠᠮᡠᠨ	嘉們	giyamun	驛

順次	滿 語	漢 字	羅馬拼音	詞 義
10		和卓 海蘭	hojo hailan	美麗 榆樹
11		舍哩 斡實	šeri wasi	泉降
12		和羅 達巴	holo daba	山谷嶺
13		庫特呼	kūthū	攪擾
14		庫庫圖	kukutu	蒙古語，物色青者
15		巴喇袞	baragūn	蒙古語，西
16		安巴 珠赫	amba juhe	大冰
17		阿穆濟	amuji	蒙古語，歇息

順次	滿　語	漢　字	羅馬拼音	詞　義
18	ᠰᡳᡵᠠ ᡩᠠᡥᠠ	實　喇 達　哈	sira daha	蒙古語， 黃色馬駒
19	ᠵᠣᡩᠣ	卓　多	jodo	織
20	ᠨᠣᠣᡵ	諾　爾	noor	蒙古語， 池
21	ᡨᡠᡥᠠᠨ	圖　罕	tuhan	獨木橋
22	ᠨᡳᠩᡤᡳᠶᠠ	寧　嘉	ninggiya	菱角
23	ᠰᠠᠩᡤᠠ	桑　阿	sangga	孔
24	ᡳᠰᡠ	伊　蘇	isu	蒙古語， 九
25	ᡥᡝᡵᡠ ᠰᡳᡵᠠᠨ	赫　嚕 錫　蘭	heru siran	車輻 繼續
26	ᡥᠣᡨᠠᠨ	和　坦	hotan	蒙古語， 城
27	ᠯᠣᡥᠣ	羅　和	loho	腰刀

順次	滿語	漢字	羅馬拼音	詞義
28	ᠮᠣᠣ ᠪᠠᠯᡩᠠ	茂巴勒達	mao balda	蒙古語，不善、力不足
29	ᠮᠣᠣ ᠪᠠᡵ	茂巴爾	moo bar	蒙古語，不善虎
30	ᡠᡴᠰᡳᠨ	烏克新	uksin	甲
31	ᡥᡡᡩᡠᠨ ᠨᡳᠣᡥᡝ	呼敦紐赫	hūdun niohe	快狼
32	ᡠᠯᡝᠩᡤᡠ	烏楞古	ulenggu	臍
33	ᠮᠣᠣ ᡥᡝᠴᡝᠨ	茂赫辰	moo hecen	木城
34	ᡥᠣᡵᠣᠨ ᡧᡝᡵᡳ	和掄舍哩	horon šeri	威泉
35	ᡨᡳᠮ	提木	tim	唐古特語，溶化
36	ᠶᠠᡥᠠ	雅哈	yaha	無焰火

順次	滿語	漢字	羅馬拼音	詞義
37		察察哩	cacari	凉棚
38		哲伯埒	jebele	撒袋
39		伯爾克	berke	蒙古語，難
40		婁博囉	luo boro	蒙古語，龍青色
41		伯奇圖	bekitu	結實
42		烏赫哩哈達	uheri hada	總山峰
43		齊呼勒圖	cihūltu	蒙古語，狹窄處
44		伊綿烏爾袞	imiyan urgun	集喜
45		特爾格	terge	蒙古語，車

順次	滿　語	漢　字	羅馬拼音	詞　義
46	ᠸᠠᠯᡳᠶᠠᠪᡠ	斡里雅布	waliyabu	令棄
47	ᡥᠠᠨᡩᡠ	罕都	handu	稻
48	ᡥᠠᠯᡳ	哈里	hali	寬甸有水處
49	ᡠᠯᡠᠰ	烏魯斯	ulus	蒙古語，國
50	ᠸᠠᠯᡤᡳᠶᠠ	斡勒嘉	walgiya	曬
51	ᠮᡝᠶᡝᠨ ᠯᡝᠯᡳ	默音埒里	meyen leli	隊寬敞
52	ᡝᠮᡠᡵᠰᡠ	額穆爾蘇	emursu	單層
53	ᠰᠠᡨᠠ	薩塔	sata	松針
54	ᡳᡴᡝ ᡩᠠᠪᠠ	伊克達巴	ike daba	蒙古語，大嶺
55	ᡴᡠᠪᡠᠨ	庫本	kubun	棉

順次	滿語	漢字	羅馬拼音	詞義
56	ᠪᠠᡵᠮᠠ	巴爾瑪	barma	蒙古語，孱弱可憫
57	ᡥᡳᠴᡠ	希楚	hicu	尋隙
58	ᡥᡡᡵᠠᡨᡠ	呼喇圖	hūratu	蒙古語，有雨
59	ᡩᡝᠯᡨᡠ	德勒圖	deltu	蒙古語，有衣服
60	ᡶᡠᡵᡤᡳᠨ	富爾錦	furgin	潮
61	ᡨᠠᡥᡡᡵᠠ ᠣᠮᠣ	塔呼喇 鄂摩	tahūra omo	蚌池
62	ᡥᡡᡨᡠᡴ	呼圖克	hūtuk	蒙古語，福
63	ᠠᠨᠴᡠᠨ ᠪᡳᡵᡤᠠᠨ	安春 必爾罕	ancun birgan	耳墜 小河
64	ᡥᠣᡵᠣᠨ ᠰᠣᠩᡴᠣ	和掄 松科	horon songko	威踪跡

順次	滿　語	漢　字	羅馬拼音	詞　義
65	ᠠᠵᡳᡤᡝᠨ	阿濟根	ajigen	小
66	ᡨᠣᠮᠣᡵᡥᠣᠨ	托摩爾歡	tomorhon	言語明白
67	ᠪᡳᠩᡤᡝ	賓格	binge	
68	ᠴᠣᠣᡨᠠᡳ	超台	cootai	蒙古語，有名人
69	ᡩᠠᡥᠠᠨ	達罕	dahan	馬駒
70	ᠶᠠᠩᡤᡝ	延格	yange	
71	ᠪᡠᡥᡡ	布呼	buhū	鹿
72	ᡥᠣᠵᠣ	和卓	hojo	美麗
73	ᠪᡝᡨᡝ	伯特	bete	不及人
74	ᠣᠨᠴᠣ	溫綽	onco	寬
75	ᡩᠠᡵᠠ	達喇	dara	腰
76	ᠪᠣᡵᡥᠣᠨ	博爾歡	borhon	堆積

順次	滿語	漢字	羅馬拼音	詞義
77	ᡠᡵᡥᡠ	烏爾呼	urhu	偏
78	ᡥᠠᡳᠯᠠᠨ ᡠᠵᡠ	海蘭 烏珠	hailan uju	榆樹頭
79	ᠪᠣᡩᠣ	博多	bodo	算計
80	ᡠᡥᡝ ᠪᡳᡵᠠ	烏赫 必喇	uhe bira	同河
81	ᠮᠣᡵᡳ	摩哩	mori	蒙古語，馬
82	ᡥᠣᡧᠣ ᠮᡠᡩᠠᠨ	和碩 穆丹	hošo mudan	隅彎
83	ᡩᠣᡴᠣ	多科	doko	裏
84	ᡨᡝᠪᡴᡠ	特卜庫	tebku	胎胞
85	ᠰᠠᠪᠠ	薩巴	saba	蒙古語，器皿
86	ᡥᡡᠸᠠᠨᡨᠠ	歡塔	hūwanta	荒山

順次	滿語	漢字	羅馬拼音	詞義
87	ᠰᠠᠮᡩᠠᠨ	薩木丹	samdan	唐古特語，禪定
88	ᡥᡳᡵᡤᡝᠨ	希爾根	hirgen	水流痕
89	ᠠᡵᡤᠠ	阿爾噶	arga	術
90	ᡠᠨᠠ	烏納	una	枸杞
91	ᡨᡝᡤᡠᠰ ᠣᡵᡩᠣ	特古斯 鄂爾多	tegus ordo	蒙古語，全亭
92	ᡠᠵᡝ	烏哲	uje	蒙古語，看
93	ᠵᡠᠴᡝᠯᡝ	珠徹埒	jucele	安堆撥
94	ᡧᠠᡥᡡᠨ ᡤᠠᡧᠠᠨ	沙琿 噶珊	šahūn gašan	白鄉
95	ᡥᡝᡵᡝᠨ	赫稜	heren	廄
96	ᡤᠠᡵᡤᠠᠨ	噶爾罕	gargan	枝
97	ᠨᠠᡳᠮᠠᠨ	奈曼	naiman	蒙古語，八

順次	滿語	漢字	羅馬拼音	詞義
98		努呼哈爾呼必喇	nuhu harhū bira	高阜淤泥河
99		蘇克棟阿	sukdungga	有氣性
100		斡罕必喇	wahan bira	馬蹄河
101		松科碩碩歡	songko šošohon	踪跡總
102		威泰必喇	oitai bira	有記性河
103		克木訥赫噶珊	kemnehe gašan	節鄉

順次	滿　語	漢　字	羅馬拼音	詞　義
104	ᡧᡳᡵᠠ	實　喇	sira	蒙古語， 黃色
105	ᠯᠣᠪᡴᠣ ᡩᠠᠪᠠ	羅卜科 達巴	lobko daba	蒙古語， 難耕之地嶺
106	ᡨᡝᡥᡝ ᠪᡳᡵᠠ	特　赫 必　喇	tehe bira	渟水河
107	ᡥᠣᠰᠣᡵᡳ	和索哩	hosori	耳穢
108	ᡩᡝᠸᠠ	德　斡	dewa	唐古特語， 安好
109	ᠪᡠᡧᠠ	布　沙	buša	微增
110	ᠵᡠᡤᡝ	珠　格	juge	
111	ᠰᡠᠯᡴᡠ	蘇勒庫	sulku	花架
112	ᠯᠣ ᡦᡝᠩ	羅　彭	lo peng	唐古特語， 智積聚
113	ᠠᠮᡳ	阿　密	ami	蒙古語， 性命

順次	滿　語	漢　字	羅馬拼音	詞　義
114	ᡥᠣᠨᡳ	和　尼	honi	蒙古語，羊
115	ᡳᡷᡟ	伊　智	ijy	
116	ᠪᠣᡵᠣ ᠣᡳ	博囉威	boro oi	蒙古語，青色樹林

資料來源：《欽定四庫全書》，「史部」，《欽定金史語解》，卷五。

表中所列地理類名稱，共計一一六個，以滿洲語為本，並列漢字。除滿洲語外，還含有頗多源自蒙古語、唐古特語的地理類名稱。地名裕爾（yur），卷八十二作「遙里」。河名愛呼（aihū），滿語，意即「母貂」，卷八十二作「愛也窟」。河名博多和（bodoho），滿語，意即「已算記」，卷八十二作「婆朶火」。地名納琳（narin），蒙古語，意即「細」，卷八十二作「乃烈」，卷一〇四作「納隣」。川名輝發（hoifa），吉林烏拉南，卷八十二作「晦發」，卷八十八作「回怕」。河名阿敦（adun），滿語，意即「牧羣」，語解作「牧場」，訛誤；“adun ongko”，意即「牧場」，卷八十二作「唵敦」。山名巴爾嘉（bargiya），滿語，意即「收」，卷八十二作「怕里干」。地名都掄赫辰（durun hecen），滿語，「都掄」，意即「規模」，「赫辰」，意即「城」，卷八十二作「敵骨論窟申」。地名嘉們（giyamun），滿語，意即「驛」，卷八十二作「挾滿」。地名和卓海蘭（hojo hailan），滿語，「和卓」，意即「美麗」，「海蘭」，意即「榆樹」，卷八十二作「和朮海鸞」。地名舍哩斡實（šeri wasi），滿語，「舍哩」，意即「泉」，「斡實」，意即「降」，卷八十二作「涉里斡設」。地名和羅達巴（holo daba），「和羅」，滿語，意即「山谷」，「達巴」，蒙古語，意即「嶺」，卷八十二作「霍里底泊」。河名庫特呼（kūthū），滿語，意即「攪擾」，卷八十二作「窟吐忽」。

地名庫庫圖（kukutu），蒙古語，意即「物色青者」，卷八十五作「活活土」。地名巴喇袞（baragūn），蒙古語，意即「西」，卷八十五作「把魯古」。河名安巴珠赫（amba juhe），滿語，「安巴」，意即「大」，「珠赫」，意即「冰」，卷八十五作「按必出虎」。山名阿穆濟（amuji），蒙古語，意即「歇息」，卷八十六作「阿米吉」。地名實喇達哈（sira daha），蒙古語，「實喇」，意即「黃色」，「達哈」，意即「馬駒」，卷八十六作「斜魯答阿」。地名卓多（jodo），滿語，意即「織」，卷八十六作「哲特」。嶺名諾爾（noor），蒙古語，意即「池」，卷八十六作「臬」。地名圖罕（tuhan），滿語，意即「獨木橋」，卷八十六作「徒胡眼」。河名寧嘉（ninggiya），滿語，意即「菱角」，卷八十六作「內吉」。屯名桑阿（sangga），滿語，意即「孔」，卷八十六作「宋葛」。

河名伊蘇（isu），蒙古語，意即「九」數，卷八十六作「益速」。地名赫嚕錫蘭（heru siran），滿語，「赫嚕」，意即「車輻」，「錫蘭」，意即「繼續」，卷八十六作「曷呂斜魯」。地名和坦（hotan），蒙古語，意即「城」，卷八十七作「胡塔安」。岡名羅和（loho），滿語，意即「腰刀」，卷八十七作「落括」。地名茂巴勒達（mao balda），蒙古語，「茂」，意即「不善」，「巴勒達」，意即「力不足」，卷八十七作「抹拔里達」。地名茂巴爾（mao bar），蒙古語，「茂」，意即「不善」，「巴爾」，意即「虎」，卷八十七作「抹白」。地名烏克新（uksin），滿語，意即「甲」，卷八十七作「若窟申」。地名呼敦紐赫（hūdun niohe），滿語，「呼敦」，意即「快」，「紐赫」，意即「狼」，卷八十八作「骨迭聶合」。河名烏楞古（ulenggu），滿語，意即「臍」，卷九十一作「兀泠窟」。地名茂赫辰（moo hecen），滿語，意即「木城」，卷九十一作「瀌歡春」。地名和掄舍哩（horon šeri），滿語，「和掄」，意即「威」，「舍哩」，意即「泉」，卷九十一作「忽論失懶」。

嶺名提木（tim），唐古特語，意即「溶化」，卷九十一作「綈母」。河名雅哈（yaha），滿語，意即「無焰火」，卷九十一作「伊改」。地名察察哩（cacari），滿語，意即「涼棚」，卷九十一作「鈔赤隣」。地名哲伯埒（jebele），滿語，意即「撒袋」，卷九十一作「查不魯」。山名伯爾克（berke），蒙古語，意即「難」，卷九十一作「琶离葛」。地名婁博囉（luo boro），蒙古語，「婁」，意即「龍」，「博囉」，意即「青色」，卷九十二作「羅不魯」。河名伯奇圖（bekitu），滿語，意即「結實」，卷九十二作「不札土」。地名烏赫哩哈達（uheri hada），滿語，「烏赫哩」，意即「總」，「哈達」，意即「山峰」，卷九十三作「獲火羅合打」。地名齊呼勒圖（cihūltu），蒙古語，意即「狹窄處」，卷九十三作「赤胡覩」。地名伊綿烏爾袞（imiyan urgun），滿語，「伊綿」，意即「集」，「烏爾袞」，意即「喜」，卷九十三作「因閔斡魯渾」。山名特爾格（terge），蒙古語，意即「車」，卷九十三作「忒里葛」。水名斡里雅布（waliyabu），滿語，意即「令棄」，卷九十三作「窊里布」。地名罕都（handu），滿語，意即「稻」，卷九十四作「桓篤」。河名哈里（hali），滿語，意即「寬甸有水處」，卷九十四作「合勒」。

城名烏魯斯（ulus），蒙古語，意即「國」，卷九十四作「斡魯速」。河名斡勒嘉（walgiya），滿語，意即「曬」，卷九十四作「斡里札」。山名默音埒里（meyen leli），滿語，「默音」，意即「隊」，「埒里」，意即「寬敞」、「寬廣」，卷九十四作「沔移剌烈」。山名額穆爾蘇（emursu），滿語，意即「單夾之單」，單層，卷九十四作「烏滿掃」。地名薩塔（sata），滿語，意即「松針」，卷九十四作「三土」。地名伊克達巴（ike daba），蒙古語，意即「大嶺」，卷九十四作「益打把」。地名庫本（kubun），滿語，意即「棉」，卷九十四作「窟白」。地名巴爾瑪（barma），蒙古語，意即「孱弱可憫」，卷九十五作「別里賣」。地名希楚（hicu），滿語，意即「尋隙」，卷九十五作「奚屈」。地名呼喇圖（hūratu），蒙古語，意即「有雨」，卷九十七作「胡魯土」。地名德勒圖（deltu），蒙古語，意即「有衣服」，卷九十九作「迭魯都」。河名富爾錦（furgin），滿語，意即「潮水之潮」，卷九十九作「蒲魯吉」。地名塔呼喇鄂摩（tahūra omo），滿語，「塔呼喇」，意即「蚌」，「鄂摩」，意即「池」，卷一〇一作「塔割剌訛沒」。

地名呼圖克（hūtuk），蒙古語，意即「福」，卷一〇三作「胡土虎」。地名安春必爾罕（ancun birgan），滿語，「安春」，意即「耳墜」，「必爾罕」，意即「小河」，卷一〇三作「按出灰必剌罕」。地名和掄松科（horon songko），滿語，「和掄」，意即「威」，「松科」，意即「踪跡」，卷一〇三作「忽論宋割」。地名阿濟根（ajigen），滿語，意即「小」，卷一〇三作「唵吉斡」。地名托摩爾歡（tomorhon），滿語，意即「言語明白」，卷一〇三作「都麻渾」。地名賓格（binge），卷一〇三作「賓哥」。地名超台（cootai），蒙古語，意即「有名人」，卷一〇三作「出臺」。地名達罕（dahan），滿語，意即「馬駒」，卷一〇三作「答愛」。地名延格（yange），卷一〇三作「顏哥」。地名布呼（buhū），滿語，意即「鹿」，卷一〇三作「不灰」。表中和卓（hojo），滿語，意即「美麗」，卷一〇三作「活拙」，卷一三五作「合主」，是地名，又是城名。地名伯特（bete），滿語，意即「不及人」、「無能為的」，卷一〇三作「孛德」。地名温綽（onco），滿語，意即「寬」，卷一〇三作「温甲」。地名達喇（dara），滿語，意即「腰」，卷一〇三作「底剌」。地名博爾歡（borhon），滿語，意即「堆積」，卷一〇三作「怕魯歡」。河名烏爾呼（urhu），滿語，意即「偏」，卷一〇四作「烏連苦」。地名海蘭烏珠（hailan uju），滿語，「海蘭」，意即「榆樹」，「烏珠」，意即「頭」，卷一〇四作「合懶合兀主」。山名博多（bodo），滿語，意即「算計」，卷一〇四作「本得」。地名烏赫必喇（uhe bira），滿語，「烏赫」，意即「同」，「必喇」，意即「河」，卷一一二作「吾改必剌」。

山名摩哩（mori），蒙古語，意即「馬」，卷一二〇作「沒里」。地名和碩穆丹（hošo mudan），滿語，「和碩」，意即「隅」，「穆丹」，意即「彎」，卷一二〇作「曷速木單」。地名多科（doko），滿語，意即「表裏之裏」，卷一二〇作「奪古」。地名特卜庫（tebku），滿語，意即「胎胞」，卷一二〇作「獨拔古」。山名薩巴（saba），蒙古語，意即「器皿」，卷一二〇作「撒巴」。山名歡塔（hūwanta），滿語，意即「荒山」，卷一二〇作「渾特」。水名薩木丹（samdan），唐古特語，意即「禪定」，卷一二一作「三坦」。水名希爾根（hirgen），滿語，意即「水流痕」，卷一二一作「石里狠」。城名阿爾噶（arga），滿語，意即「術」、「計」，卷一二一作「阿良葛」。水名烏納（una），滿語，意即「枸杞」，卷一二一作「兀納」。城名特古斯鄂爾多（tegus ordo），蒙古語，「特古斯」，意即「全部之全」，「鄂爾多」，意即「亭」，卷一二一作「骨斯訛魯朵」。地名烏哲（uje），蒙古語，意即「看」，卷一二一作「兀者」。地名珠徹埒（jucele），滿語，意即「安堆撥」，卷一二一作「酌赤烈」。地名沙琿噶珊（šahūn gašan），滿語，「沙琿」，意即「白色」，「噶珊」，意即「鄉」，卷一二一作「莎果歌仙」。地名赫稜（heren），滿語，意即「廐」、「馬圈」，卷一二一作「曷魯椀」。地名噶爾罕（gargan），滿語，意即「枝」，卷一二二作「割里罕」。

地名奈曼（naiman），蒙古語，意即「八」數，卷一二三作「乃蠻」。地名努呼哈爾呼必喇（nuhu harhū bira），滿語，「努呼」，意即「高阜」，「哈爾呼」，意即「淤泥」，「必喇」，意即「河」，卷一二三作「納古胡里愛必剌」。地名蘇克棟阿（sukdungga），滿語，意即「有氣性」，卷一二四作「宋阿答阿」。地名斡罕必喇（wahan bira），滿語，「斡罕」，意即「馬蹄」，「必喇」，意即「河」，卷一二四作「斡可必剌」。地名松科碩碩歡（songko šošohon），滿語，「松科」，意即「蹤跡」，「碩碩歡」，意即「總」，卷一二七作「宋葛斜斯渾」。地名威泰必喇（oitai bira），「威泰」，蒙古語，意即「有記性」，「必喇」，滿語，意即「河」，卷一二八作「斡底必剌」。地名克木訥赫噶珊（kemnehe gašan），滿語，「克木訥赫」，意即「節」、「節用」，卷一三二作「葛馬合窟申」。地名實喇（sira），蒙古語，意即「黃色」，卷一三二作「斜剌阿」。地名羅卜科達巴（lobko daba），蒙古語，「羅卜科」，意即「難耕之地」，「達巴」，意即「嶺」，卷一三二作「老海達葛」。地名特赫必喇（tehe bira），滿語，「特赫」，意即「渟水」，「必喇」，意即「河」，卷一三二作「忒黑闢剌」。地名和索哩（hosori），滿語，意即「耳穢」，卷一三二作「昏斯魯」。

地名德斡（dewa），唐古特語，意即「安好」，卷一三三作「迪斡」。地名布沙（buša），滿語，意即「微增」、「多些」，卷一三三作「闢沙」。崖名珠格

（juge），卷一三三作「朮虎」。淀名蘇勒庫（sulku），滿語，意即「花架」，卷一三三作「速魯古」。嶺名羅彭（lo peng），唐古特語，「羅」，意即「智」，「彭」，意即「積聚」，卷一三四作「囉龐」。地名阿密（ami），蒙古語，意即「性命」，卷一三四作「阿彌」。水名和尼（honi），蒙古語，意即「羊」，卷一三五作「活涅」，又作「活禰」。村名伊智（ijy），卷一三五作「乙隻」。城名博囉威（boro oi），蒙古語，「博囉」，意即「青色」，「威」，意即「樹林」，卷一三五作「畢里圍」。

從表中地名，有助於了解其地理特徵，阿敦（adun），意即「牧場」，嘉們（giyamun），意即「驛站」，圖罕（tuhan），意即「獨木橋」，茂赫辰（moo hecen），意即「木城」，齊呼勒圖（cihūltu），意即「狹窄處」，哈里（hali），意即「寬甸有水處」，伊克達巴（ike daba），意即「大嶺」，努呼哈爾呼必喇（nuhu harhū bira），意即「高阜淤泥河」，羅卜科達巴（lobko daba），意即「難耕之地嶺」。

八、《欽定金史語解》職官

《欽定金史語解・職官》滿漢對照表

順次	滿　語	漢　字	羅馬拼音	詞　義
1		特哩袞	terigun	蒙古語，頭目
2		貝　勒	beile	管理眾人
3		詳　袞	siyanggun	索倫語，理事官
4		達貝勒	da beile	頭目管理眾人
5		穆　昆	mukūn	族
6		明　安	minggan	千
7		安　班 貝　勒	amban beile	大臣管理眾人
8		古　倫 貝　勒	gurun beile	國管理眾人

順次	滿語	漢字	羅馬拼音	詞義
9	ᠠᡳᠮᠠᠨ ᠪᡝᡳᠯᡝ	愛滿貝勒	aiman beile	部落管理眾人
10	ᡠᡥᡝᡵᡳ ᠪᡝᡳᠯᡝ	烏赫哩貝勒	uheri beile	總管理眾人
11	ᠶᡝᠩᠰᡳ ᠪᡝᡳᠯᡝ	英實貝勒	yengsi beile	照看進宴之部長
12	ᡩᡝᡨ ᠪᡝᡳᠯᡝ	德特貝勒	det beile	蒙古語，副部長
13	ᠸᡝᠨ ᠪᡝᡳᠯᡝ	温貝勒	wen beile	化管理眾人
14	ᡶᡠᠯᡝᡥᡠᠨ	富埒琿	fulehun	惠
15	ᡳᠯᠠᠴᡳ ᠪᡝᡳᠯᡝ	伊拉齊貝勒	ilaci beile	第三管理眾人

順次	滿 語	漢 字	羅馬拼音	詞 義
16	ᠨᠣᠶᠠᠨ	諾 延	noyan	蒙古語，官長
17	ᠠᠰᡥᠠᠨ ᠪᡝᡳᠯᡝ	阿斯罕 貝 勒	ashan beile	侍管理眾人
18	ᠵᠠᡳ ᠪᡝᡳᠯᡝ	齋貝勒	jai beile	第二管理眾人
19	ᡳᠯᡥᡳ	伊勒希	ilhi	副
20	ᡨᡠᡵᡳ	圖 哩	turi	豆
21	ᠮᠣᠣ	茂	moo	樹木
22	ᡴᡠᡳᡨᡝᠨ	奎 騰	kuiten	蒙古語，冷
23	ᡶᡝᠨᡳᠶᡝᠨ	佛 寧	feniyen	羣
24	ᡥᠠᠵᡳ	哈 濟	haji	親熱
25	ᠪᠠᡵᡳᠪᠠ	巴哩巴	bariba	蒙古語，已執
26	ᠮᡠᡨᡝᠨ	穆 騰	muten	才能

順次	滿語	漢字	羅馬拼音	詞義
27	ᡤᡡᠯᡩᡠᠨ	古勒敦	gūldun	城門洞
28	ᡳᠯᡝᡨᡠ	伊埒圖	iletu	明顯
29	ᡳᠯᡩᡠᠨ	伊勒敦	ildun	順便
30	ᠰᡠᠪᡠᡨ	蘇布特	subut	蒙古語，珍珠
31	ᡥᡡᡩᡠᠨ	呼敦	hūdun	速
32	ᡥᠠᠮᠠᡵ	哈瑪爾	hamar	蒙古語，行圍前引人
33	ᠪᡠᠮᠪᡠ	本布	bumbu	蒙古語，道士
34	ᠮᠣᠩᡤᠣ	蒙古	monggo	蒙古
35	ᠵᠠᠪᡠ	扎布	jabu	應答
36	ᡠᡵᡤᡡ	烏爾古	urgū	蒙古語，孳生
37	ᠰᠠᠣᡤᡡᠨ	繅袞	saogūn	蒙古語，坐

順次	滿　語	漢　字	羅馬拼音	詞　義
38	ᡨᡠᡳ ᡩᠠ	圖伊達	tui da	執纛 頭目
39	ᠮᡝᠵᡳᡤᡝ	默濟格	mejige	信息
40	ᠰᡳᠨᡝ ᡴᡠᠨ	實訥昆	sine kun	蒙古語， 新人
41	ᡳᡵᠠ	伊喇	ira	
42	ᠰᡠᡵᡠᡴ	蘇嚕克	suruk	蒙古語， 牧羣
43	ᠰᡠᠮᡠᡨᠠᠨ	蘇穆坦	sumutan	蒙古語， 屬佐領之人
44	ᡨᠠᠮᠠ	塔瑪	tama	行圍收合
45	ᡝᡵᡴᡳᠮ	額爾奇木	erkim	蒙古語， 尊貴
46	ᠰᡳᡩᠠᡵ	實達爾	sidar	蒙古語， 親隨
47	ᠵᠠᠩᡤᡳᠨ	章京	janggin	文武參佐

順次	滿 語	漢 字	羅馬拼音	詞 義
48		賽音	sain	好
49		德爾伯森	derbesen	蒙古語，鳥撲拉
50		達哈藩	da hafan	頭目官
51		色埒貝勒	sele beile	鐵管理眾人
52		古倫齋貝勒	gurun jai beile	國第二管理眾人
53		烏克遜達	uksun da	宗室頭目
54		烏呼肯扎塔	uhuken jata	軟弱懦

順次	滿　語	漢　字	羅馬拼音	詞　義
55	ᡳᡵᠠ ᠮᠠᠨᡩᠠ	伊喇 滿達	ira manda	黍子 遲慢
56	ᡥᠣᡨᠣᠨ	和屯	hoton	城
57	ᠯᠣᠯᡳ ᠮᠣᠣ	羅里茂	loli moo	樹木枝 葉下垂
58	ᡠᠵᡠ ᠮᡳᠩᡤᠠᠨ	烏珠 明安	uju minggan	頭千數
59	ᠵᠠᠯᠠ	扎拉	jala	媒人
60	ᠶᠠᡵ	雅爾	yar	唐古特語， 上
61	ᡥᡡᠪᡳ	呼必	hūbi	蒙古語， 分
62	ᠰᡳᠮᡝ	錫默	sime	蒙古語， 精液

資料來源：《欽定四庫全書》，「史部」，《欽定金史語解》，卷六。

表中所列職官附軍名類名稱，共計六十二個，以滿洲語為本，並列漢字。除滿洲語外，還含有源自蒙古語、索倫語、唐古特語的名稱。表中特哩袞（terigun），蒙古語，意即「頭目」，卷一作「惕隱」。貝勒（beile），滿語，意即「管理眾人之稱」，卷一作「勃堇」，又作「勃極烈」。詳袞（siyanggun），索倫語，意即「理事官」，卷一作「詳穩」，卷八十二作「相温」。達貝勒（da beile），滿語，「達」，意即「頭目」，「貝勒」，意即「管理眾人之稱」，卷二作「都勃極烈」。穆昆（mukūn），滿語，意即「族」，卷二作「謀克」。明安（minggan），滿語，意即「千數」，卷二作「猛安」，卷八十一作「閔阿」。安班貝勒（amban beile），滿語，「安班」，意即「大臣」，「貝勒」，意即「管理眾人之稱」，卷二作「諳班勃極烈」。古倫貝勒（gurun beile），滿語，「古倫」，意即「國」，「貝勒」，意即「管理眾人之稱」，卷二作「國論勃極烈」。愛滿貝勒（aiman beile），滿語，「愛滿」，意即「部落」，「貝勒」，意即「管理眾人之稱」，卷二作「阿買勃極烈」。烏赫哩貝勒（uheri beile），滿語，「烏赫哩」，意即「總」，「貝勒」，意即「管理眾人之稱」，卷二作「忽魯勃極烈」。英實貝勒（yengsi beile），滿語，意即「照看筵宴之部長」，句中「英實」，意即「筵席」，卷二作「乙室勃極烈」。

德特貝勒（det beile），蒙古語，意即「副部長」，卷二作「迭勃極烈」。温貝勒（wen beile），滿語，「温」，意即「化」，「貝勒」，意即「管理眾人之稱」，卷二作「吳勃極烈」。富埒琿（fulehun），滿語，意即「恩惠」，卷二作「蒲里衍」。伊拉齊貝勒（ilaci beile），滿語，「伊拉齊」，意即「第三」，「貝勒」，意即「管理眾人之稱」，卷二作「移賚勃極烈」。諾延（noyan），蒙古語，意即「官長之稱」，卷二作「耨盌」。阿斯罕貝勒（ashan beile），滿語，「阿斯罕」，意即「侍坐之侍」，「貝勒」，意即「管理眾人之稱」，卷三作「阿捨勃極烈」。齋貝勒（jai beile），滿語，「齋」，意即「第二」，「貝勒」，意即「管理眾人之稱」，卷三作「昃勃極烈」。伊勒希（ilhi），滿語，意即「副」，卷六作「阿里喜」。圖哩（turi），滿語，意即「豆」，卷七作「禿里」。茂（moo），滿語，意即「樹木」，卷二十四作「咩」，是乣名。

奎騰（kuiten），蒙古語，意即「冷」，卷十三作「佤頭」。佛寧（feniyen），滿語，意即「羣」，卷十三作「蒲輦」，是軍名。哈濟（haji），滿語，意即「親熱」，卷十九作「合扎」，是軍名。巴哩巴（bariba），蒙古語，意即「已執」，卷十九作「本把」。穆騰（muten），滿語，意即「才能」，卷二十四作「木典」，是乣名。古勒敦（gūldun），滿語，意即「城門洞」，卷二十四作「骨典」，是乣名。伊埒圖（iletu），滿語，意即「明顯」，卷二十四作「耶剌都」，卷八十一作「移剌都」，是乣名。伊勒敦（ildun），滿語，意即「順便」，卷二十四作「移典」，是乣名。

蘇布特（subut），蒙古語，意即「珍珠」，卷二十四作「蘇本典」，是乣名。呼敦（hūdun），滿語，意即「速」，卷二十四作「胡都」，是乣名。哈瑪爾（hamar），蒙古語，意即「行圍前引人」，卷二十四作「霞馬」，是乣名。本布（bumbu），蒙古語，意即「道士」，卷四十二作「本破」。蒙古（monggo），卷四十四作「萌骨」，是糺名。扎布（jabu），滿語，意即「應答」，卷五十三作「知把」。烏爾古（urgū），蒙古語，意即「孳生」，卷五十五作「烏魯國」，卷五十七作「烏魯古」。繅袞（saogūn），蒙古語，意即「坐」，卷五十五作「埽穩」。圖伊達（tui da），滿語，意即「執纛頭目」，卷五十五作「脫朶」。默濟格（mejige），滿語，意即「信息」，卷五十五作「麼忽」。

實訥昆（sine kun），蒙古語，「實訥」，意即「新」，「昆」，意即「人」，卷五十五作「習尼昆」。伊喇（ira），卷五十五作「曳剌」，卷五十七作「移剌」。蘇嚕克（suruk），蒙古語，意即「牧羣」，卷五十七作「失魯」。蘇穆坦（sumutan），蒙古語，意即「屬佐領之人」，卷五十七作「慈謨典」，卷一二一作「速木典」。塔瑪（tama），滿語，意即「行圍收合」、「令收兵一處走」，卷五十七作「撻馬」。額爾奇木（erkim），蒙古語，意即「尊貴」，卷五十七作「移里菫」。實達爾（sidar），蒙古語，意即「親隨」，卷六十三作「小底」。章京（janggin），滿語，意即「文武參佐」，卷六十六作「扎也」，卷一二〇作「扎野」。賽音（sain），滿語，意即「好」，卷六十六作「賽吾」。

德爾伯森（derbesen），蒙古語，意即「鳥撲拉」、「鳥已拍翅」，卷六十六作「迭魯苾撒」，是糺名。達哈藩（da hafan），滿語，「達」，意即「頭目」，「哈藩」，意即「官」，卷六十七作「蒲馬大彎」。色埒貝勒（sele beile），滿語，「色埒」，意即「鐵」，「貝勒」，意即「管理眾人之稱」，卷七十作「斜勒勃董」。古倫齋貝勒（gurun jai beile），滿語，「古倫」，意即「國」，「齋」，意即「第二」，「貝勒」，意即「管理眾人之稱」，卷七十作「國論昃勃極烈」。烏克遜達（uksun da），滿語，「烏克遜」，意即「宗室」，「達」，意即「頭目」，卷七十作「淑温特」。烏呼肯扎塔（uhuken jata），滿語，「烏呼肯」，意即「軟弱」，「扎塔」，意即「懦」。伊喇滿達（ira manda），滿語，「伊喇」，意即「黍子」，「滿達」，意即「遲慢」，卷七十二作「曳剌滿答」。和屯（hoton），滿語，意即「城」，卷七十三作「和團」。羅里茂（loli moo），滿語，意即「樹木枝葉下垂」，卷七十三作「烈里沒」。烏珠明安（uju minggan），滿語，「烏珠」，意即「頭」，「明安」，意即「千數」，卷八十二作「兀主猛安」。扎拉（jala），滿語，意即「媒人」，卷八十四作「閘剌」。雅爾（yar），唐古特語，意即「上」，卷八十八作「押剌」，是契丹官名。呼必（hūbi），蒙古語，意即「分」，卷九十四作「胡疋」，是乣名。錫默（sime），蒙古語，意即「精液」，卷一二一作「轄木」，是乣名。

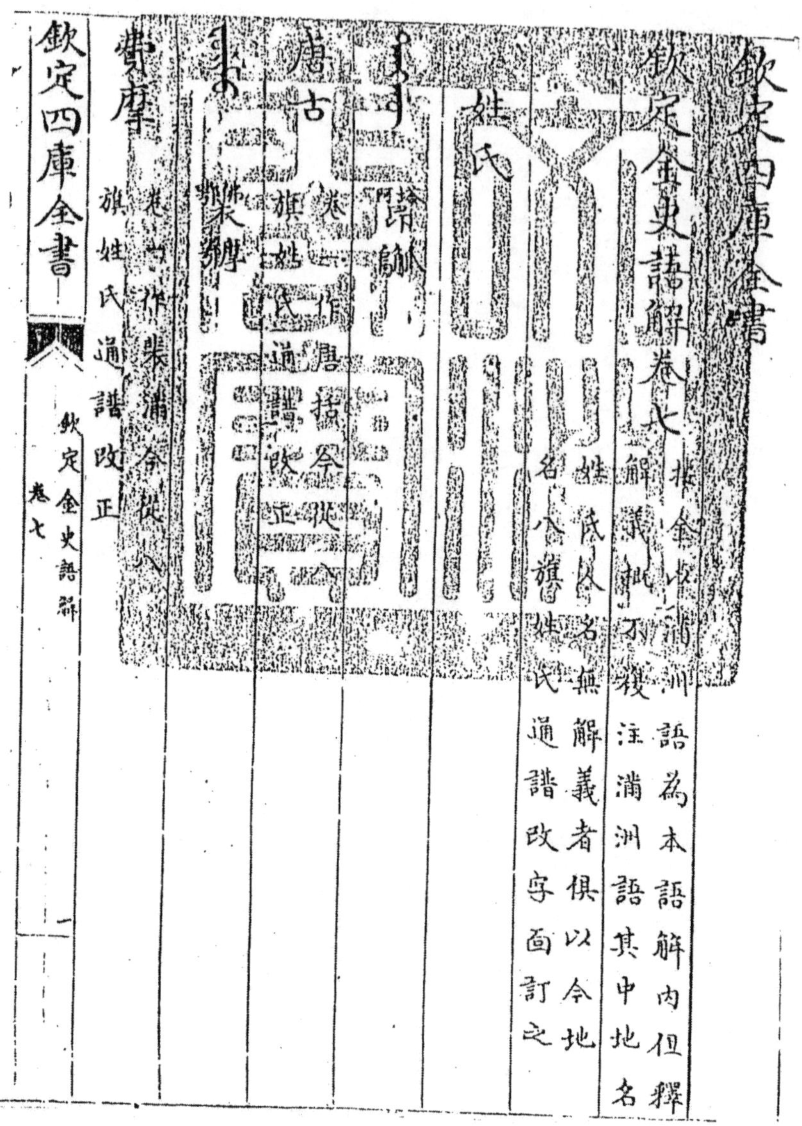
欽定四庫全書

欽定金史語解卷七

桉金以滿洲語為本語解內但釋解義概不複注滿洲語其中地名姓氏人名無解義者俱以今地名八旗姓氏通譜改字面訂之

姓氏

唐古　卷六作唐括今從八旗姓氏通譜改正

費摩　卷六作裴滿今從八旗姓氏通譜改正

欽定四庫全書

欽定金史語解　卷七　一

九、《欽定金史語解》姓氏

《欽定金史語解 · 姓氏》滿漢對照表

順次	滿　語	漢　字	羅馬拼音	詞　義
1	ᡨᠠᠩᡤᡡ	唐古	tanggū	
2	ᡶᠣᡳᠮᠣ	費摩	foimo	
3	ᠨᠠᡵᠠ	納喇	nara	
4	ᡠᡴᡠᡵᡳ	烏庫哩	ukuri	
5	ᡠᠯᡳᠩᡤᠠ	烏淩阿	ulingga	
6	ᠸᠠᠩᡤᡳᠶᠠ	完顏	wanggiya	
7	ᡥᡝᡧᡝᡵᡳ	赫舍哩	hešeri	
8	ᡤᡡᠸᠠᠯᡤᡳᠶᠠ	瓜爾佳	gūwalgiya	

順次	滿　語	漢　字	羅馬拼音	詞　義
9	ᡠᠨᡨᡝᡥᡝ	温特赫	untehe	
10	ᡨᡠᡴᡨᠠᠨ	圖克坦	tuktan	
11	ᡳᠰᡳ	伊實	isi	唐古特語，智慧
12	ᡳᡵᠠ	伊喇	ira	
13	ᡶᡠᠴᠠ	富察	fuca	
14	ᠪᡠᠰᠠ	布薩	busa	
15	ᡠᠨᡩᡠ	温都	undu	
16	ᠨᡳᠣᡥᡠᡵᡠ	鈕祜祿	niohuru	
17	ᠨᠣᠶᠠᠨ	諾延	noyan	
18	ᠨᠠᡥᠠᡨᠠ	納哈塔	nahata	
19	ᡠᠶᠠ	烏雅	uya	
20	ᡨᡠᠩᡤᡳ	通吉	tunggi	

順次	滿語	漢字	羅馬拼音	詞義
21		舒穆嚕	šumuru	
22		持嘉	c'ygiya	
23		富珠哩	fujuri	
24		珠勒根	julgen	
25		珠格	juge	
26		錫默	sime	蒙古語，精液
27		阿克占	akjan	
28		阿布哈	abuha	薺菜
29		尼瑪哈	nimaha	
30		蒙古	monggo	
31		鄂屯	oton	整木槽盆
32		布希	buhi	

順次	滿語	漢字	羅馬拼音	詞義
33	ᡠᡴᠰᡠᠨ	烏克遜	uksun	宗室
34	ᠵᡠᡤᡳᠶᠠ	珠嘉	jugiya	
35	ᡥᠣᠩᡤᠣ	洪果	honggo	
36	ᠮᡠᠶᠠᠨ	穆延	muyan	
37	ᠶᠠᠨᠵᠠ	延扎	yanja	
38	ᡥᠠᠰᠠᡵᠠ	哈薩喇	hasara	
39	ᠪᡳᡵᠠ	必喇	bira	
40	ᡨᡠᠮᡝᠨ	圖們	tumen	
41	ᡧᡳᡤᡳᠶᠠ	實嘉	šigiya	
42	ᠪᡝᡨᡝ	伯特	bete	才力不足
43	ᠸᡝᡵᡝ	沃哷	were	
44	ᠸᠠᠰᡝ	斡色	wase	

順次	滿　語	漢　字	羅馬拼音	詞　義
45	ᡳᠯᡝᡨᡠ	伊埒圖	iletu	明顯
46	ᠸᠠᠩᠵᠠᠪ	旺扎卜	wangjab	
47	ᠵᡠᡵᡠ	珠嚕	juru	
48	ᡥᠣᡳᡨᡝ	輝特	hoite	準噶爾 地名
49	ᡥᠣᡳᡥᠠᠨ	輝罕	hoihan	圍場
50	ᡥᠣᡳᠯᠣ	輝羅	hoilo	
51	ᠴᡝᠮᡤᡡᠨ	徹木袞	cemgūn	
52	ᠰᠠᡳᠮᡳᡵᡝ	賽密哷	saimire	
53	ᡧᡠᡵᡨᡠ	舒爾圖	šurtu	
54	ᠵᠣᡨ	卓特	jot	
55	ᡠᠰᡠᠵᠠᠨ	烏蘇占	usujan	

順次	滿　語	漢　字	羅馬拼音	詞　義
56	ᠪᠣᡨᡳᠰ	博提斯	botis	
57	ᠪᠣᡵᠵᡳᡴ	博爾濟克	borjik	
58	ᡠᡧᡳᠯᠠ	烏實拉	ušila	
59	ᡧᡠᡤᡠᠰᡠ	舒古蘇	šugusu	蒙古語，津液
60	ᠵᡠᡵᡤᠠᠨ	珠爾罕	jurgan	義
61	ᡤᡡᠸᠠᠨᡤᡳᠶᠠᡵᠠ	光嘉喇	gūwangiyara	
62	ᠠᡩᠠ	阿達	ada	筏
63	ᠨᡳᠮᠠᠯᠠᠨ	尼瑪蘭	nimalan	桑
64	ᠨᠠᡨᠠ	納塔	nata	
65	ᡠᠰᡠ	烏蘇	usu	
66	ᡠᠰᡳᠨ	烏新	usin	

順次	滿語	漢字	羅馬拼音	詞義
67	ᠪᠠᡳᡤᡝ	拜格	baige	
68	ᡡᠨᡩᡠᠰᡠᠨ	溫都遜	ūndusun	蒙古語，本
69	ᠰᡝᡥᡝᡵᡳ	色赫哩	seheri	
70	ᡠᠰᡝ	烏色	use	
71	ᠨᠠᠶᠠ	納雅	naya	
72	ᠠᠯᡳ	阿里	ali	承當
73	ᠪᠠᡵ	巴爾	bar	蒙古語，虎
74	ᠨᡳᡧᠠ	尼沙	niša	
75	ᡶᡠᠰᡝᠯᡳ	富色里	fuseli	鯖魚
76	ᠪᠣᡥᠣᡵᡳ	博和哩	bohori	
77	ᠸᠠᡵᡳ	斡哩	wari	
78	ᡩᡠᡴᡨᠠ	都克塔	dukta	

順次	滿　語	漢　字	羅馬拼音	詞　義
79	ᡨᠣᠯᠣᡨᡝ	托羅特	tolote	
80	ᡥᡝᡧᡠ	赫舒	hešu	
81	ᡧᠠᡩᠠᡵᠠ	沙達喇	šadara	
82	ᠠᠰᡠ	阿蘇	asu	網
83	ᠰᠠᠴᠠ	薩察	saca	
84	ᠵᠣᡩᠣᠮᡠ	卓多穆	jodomu	
85	ᠨᠠᠮᡩᡠᠯᡠ	納木都魯	namdulu	
86	ᠶᠠᠰᡠ ᠪᡠᡳ	雅蘇貝	yasu bui	蒙古語，肉有骨
87	ᡝᠰᡠᡵᡳ	額蘇哩	esuri	
88	ᠠᡳᠰᡳᠨ	愛新	aisin	金
89	ᠨᠠᡴ	納克	nak	唐古特語，黑色

順次	滿　語	漢　字	羅馬拼音	詞　義
90	ᡤᡠᠯᡥᡠᠨ	古勒琿	gulhun	整
91	ᠰᠣᡥᠣᠨ	索歡	sohon	淡黃色
92	ᡥᡡᠶᠠ	呼雅	hūya	
93	ᠪᡝᠰᡠ	伯蘇	besu	
94	ᠠᡳᠮᠠᠨ	愛滿	aiman	部落
95	ᡩᡠᡴᡨᠠᡵᡳ	都克塔哩	duktari	
96	ᠮᠣ ᠨᡳᠶᠠᠨ	摩年	mo niyan	
97	ᡳ ᠨᡳᠶᠠᠨ	伊年	i niyan	
98	ᡨᠣᠨᠣ	托諾	tono	城門鉋釘
99	ᠰᡠᠪᡝᠯᡳᠶᡝᠨ	蘇伯林	subeliyen	絨
100	ᡧᡠᡵᡠ	舒嚕	šuru	

順次	滿　語	漢　字	羅馬拼音	詞　義
101	ᠸᠠᠯᡳ	斡　里	wali	幻術
102	ᠮᡠᠵᡳ	穆　濟	muji	大麥
103	ᠶᡠᡵ	裕　爾	yur	
104	ᠶᠣᡵᠣ	約　囉	yoro	骲頭
105	ᠪᠠᡵᡳ	巴　哩	bari	
106	ᡝᠯᡠ	額　魯	elu	葱
107	ᠸᡝᡳ ᡳ	威　伊	wei i	
108	ᠨᡳᠣ ᠣ	紐　鄂	nio o	
109	ᠣᡵᠣ	鄂　囉	oro	
110	ᠮᡳᠩᠪᠣ	明　博	mingbo	唐古特語，有名人
111	ᠯᠠᠩ ᠣᡨ	朗 鄂 特	lang ot	朗，番姓，鄂特，唐古特語，光
112	ᠸᡝᡳ ᠨᡳᠣ	威　紐	wei nio	

順次	滿　語	漢　字	羅馬拼音	詞　義
113	ᠰᠠ	薩	sa	番姓
114	ᠸᡝᡳ ᡯᠠᡳ	威　載	wei dzai	
115	ᡤᡡᠴᡳᠨ	古　沁	gūcin	蒙古語，三十
116	ᡝ ᡳ	額　伊	e i	
117	ᠨᡳᠣᠨᡳᠣ	紐　紐	nionio	瞳人
118	ᠸᡝᡳ ᠮᡳᠩ	威　明	wei ming	
119	ᠮᡠᠨᠠ	穆　納	muna	蒙古語，榔頭
120	ᠮᠠᠩ ᡤᡠ	莽　古	mang gu	唐古特語，多身
121	ᠮᠠᠨᠠ	瑪　納	mana	蒙古語，巡察
122	ᠨᠣᡵ ᠰᠠᠩ	諾爾桑	nor sang	唐古特語，財好
123	ᠨᠠᡵᡳᠨ	納　琳	narin	蒙古語，細

順次	滿 語	漢 字	羅馬拼音	詞 義
124		雅 蘇	yasu	
125		舒 威	šu wei	
126		烏 伊	u i	
127		巴 沁	bacin	唐古特語，大勇
128		羅 伊	lo i	
129		密 莽	mi mang	唐古特語，人多
130		頁 允	ye yun	唐古特語，左右
131		哲 伊	je i	
132		諤	ū	番地名
133		台 楚 嚕	taicuru	
134		美 赫	meihe	蛇
135		鼐 爾	nair	蒙古語，和氣

順次	滿 語	漢 字	羅馬拼音	詞 義
136	[illegible]	錫 勒	sil	蒙古語，琉璃
137	[illegible]	吹	cui	唐古特語，法
138	[illegible]	察 喇	cara	注酒器
139	[illegible]	錫 鄂	si o	

資料來源：《欽定四庫全書》，「史部」，《欽定金史語解》，卷七。

表中所列姓氏類名稱，共計一三九個，以滿洲語為本，並列漢字。語解內但釋解義，不複注滿洲語。除滿洲語外，還含有頗多源自蒙古語、唐古特語的姓氏類名稱。表中唐古（tanggū），滿語，意即「百」，卷一作「唐括」，從《八旗姓氏通譜》改作「唐古」。表中費摩（foimo），卷一作「裴滿」。納喇（nara），卷一作「拏懶」，又作「納蘭」。烏庫哩（ukuri），滿語，意即「細鱗梭魚」，卷一作「烏古論」，卷三作「烏虎里」，卷五十五作「吾古論」。烏凌阿（ulingga），滿語，意即「貨財」，卷一作「烏林答」。完顏（wanggiya），從卷一原文。赫舍哩（hešeri），卷二作「紇石烈」，卷一一九作「克石烈」。瓜爾佳（gūwalgiya），卷二作「夾谷」，卷三作「加古」，卷十五作「古里甲」。温特赫（untehe），卷二作「温迪痕」，又作「温迪罕」。圖克坦（tuktan），滿語，意即

「起初」，卷二作「徒單」。

表中伊實（isi），唐古特語，意即「智慧」，卷三作「乙室」。伊喇（ira），滿語，意即「黍子」，卷三作「移剌」。富察（fuca），卷三作「蒲察」。布薩（busa），卷四作「僕散」。温都（undu），滿語，意即「豎」，從卷四原文，卷五作「温敦」。鈕祜祿（niohuru），卷四作「粘合」，又作「粘割」，卷十五作「女奚烈」，卷十八作「粘哥」，又作「粘葛」。諾延（noyan），蒙古語，意即「官長」，卷五作「耨盌」。納哈塔（nahata），卷五作「納合」，卷六十八作「納噶」。烏雅（uya），卷五作「烏延」，卷五十五作「兀顏」，卷一三二作「烏也」。通吉（tunggi），滿語，意即「弓飽」，卷六作「獨吉」。舒穆嚕（šumuru），卷六作「石抹」。持嘉（c'ygiya），卷六作「赤盞」。富珠哩（fujuri），滿語，意即「世襲」，卷六作「孛朮魯」。珠勒根（julgen），卷六作「阿勒錦」。珠格（juge），卷六作「朮虎」，卷五十五作「準葛」。錫默（sime），蒙古語，意即「精液」，卷六作「斜卯」。阿克占（akjan），滿語，意即「雷」，卷七作「阿典」。阿布哈（abuha），滿語，意即「薺菜」，卷七作「阿不罕」。尼瑪哈（nimaha），滿語，意即「魚」，卷八作「尼龐古」，卷五十五作「尼龐窟」。蒙古（monggo），卷八作「蒙刮」，卷十作「蒙括」。鄂屯（oton），滿語，意即「整木槽盆」，卷十作「奧屯」，卷十三作「兀屯」。布希（buhi），滿語，意即「膝」，卷十二作「蒲鮮」。烏克遜（uksun），滿語，意即「宗室」，卷十二作「吾古孫」，卷十七作「烏古孫」。珠嘉（jugiya），卷十二作「朮甲」。洪果（honggo），卷十四作「黃摑」。穆延（muyan），卷十四作「抹撚」。延扎（yanja），卷十四作「顏盞」。

哈薩喇（hasara），卷十四作「和速嘉」，卷一一四作「禾速嘉」。必喇（bira），滿語，意即「河」，卷十四作「必蘭」。圖們（tumen），滿語，意即「萬」，卷十四作「陀滿」。實嘉（šigiya），卷十五作「石盞」。伯特（bete），滿語，意即「才力不足」、「無能為的」，卷十五作「伯德」。沃哷（were），滿語，意即「冰鎮」、「冰追」、「冷浸」、「過涼水」，或「淘砂子」，卷十六作「斡勒」。斡色（wase），滿語，意即「瓦」，卷十八作「温撒」。伊埒圖（iletu），滿語，意即「明顯」，卷五十五作「移剌答」。旺扎卜（wangjab），卷五十五作「斡準把」。珠嚕（juru），滿語，意即「雙」，卷五十五作「卓魯」。輝特（hoite），準噶爾地名，卷五十五作「回特」。輝罕（hoihan），滿語，意即「圍場」，卷五十五作「黑罕」。輝羅（hoilo），卷五十五作「會蘭」。徹木袞（cemgūn），卷五十五作「沈谷」。賽密哷（saimire），卷五十五作「賽蒲里」。舒爾圖（šurtu），卷五十五作「石敦」。卓特（jot），卷五十五作「卓陀」。烏蘇占（usujan），卷五十五作「阿厮準」。博提斯（botis），卷五十五作「匹獨思」。博爾濟克（borjik），卷五十五作「潘朮古」。烏實拉（ušila），卷五十五作「諳石剌」。

舒古蘇（šugusu），蒙古語，意即「津液」，卷五十五作「石古若」。珠爾罕（jurgan），滿語，意即「義」，卷五十五作「綴罕」。光嘉喇（gūwanggiyara），卷五十五作

「光吉剌」。阿達（ada），滿語，意即「筏」，卷五十五作「阿迭」。尼瑪蘭（nimalan），滿語，意即「桑」，卷五十五作「聶摸欒」。納塔（nata），卷五十五作「納坦」。烏蘇（usu），蒙古語，意即「水」，卷五十五作「兀撒惹」，卷八十二作「烏孫」。烏新（usin），滿語，意即「田地」，卷五十五作「阿鮮」。拜格（baige），卷五十五作「把古」。温都遜（undusun），蒙古語，意即「本」、「根本」，卷五十五作「温古孫」。色赫哩（seheri），滿語，意即「危聳的」，卷五十五作「撒合烈」。烏色（use），滿語，意即「籽粒」，卷五十五作「五塞」。納雅（naya），滿語，意即「妻弟」，卷五十五作「能偃」。阿里（ali），滿語，意即「承當」，從卷五十五原文。巴爾（bar），蒙古語，意即「虎」，卷五十五作「班兀里」。

尼沙（niša），滿語，意即「著實的」，卷五十五作「聶散」。富色里（fuseli），滿語，意即「鯖魚」，卷五十五作「蒲速烈」。博和哩（bohori），滿語，意即「豌豆」，卷五十五作「蒲古里」。斡哩（wari），卷五十五作「斡雷」。都克塔（dukta），卷五十五作「獨鼎」。托羅特（tolote），卷五十五作「拓特」。赫舒（hešu），滿語，意即「冗雜」、「零星」，卷五十五作「盍散」。沙達喇（šadara），卷五十五作「撒答牙」。阿蘇（asu），滿語，意即「網」，卷五十五作「阿速」。薩察（saca），滿語，意即「盔」，卷五十五作「撒剗」。卓多穆（jodomu），卷五十五作「準土谷」。納木都魯（namdulu），卷五十五作「納謀魯」。雅蘇貝（yasu bui），蒙古語，意即「肉有骨」，卷五十五作「業速布」。額蘇哩（esuri），卷五十五作「安煦烈」。

愛新（aisin），滿語，意即「金」，卷五十五作「愛申」。納克（nak），唐古特語，意即「黑色」，卷五十五作「拿可」。古勒琿（gulhun），滿語，意即「整」，卷五十五作「貴益昆」。索歡（sohon），滿語，意即「淡黃色」，卷五十五作「梭罕」。呼雅（hūya），滿語，意即「螺螄盃」，卷五十五作「霍域」。伯蘇（besu），卷五十五作「蒲速」。愛滿（aiman），滿語，意即「部落」，卷五十五作「諳蠻」。都克塔哩（duktari），卷五十五作「獨虎朮魯」。摩年（mo niyan），卷五十五作「摩輦」。伊年（i niyan），卷五十五作「益輦」。托諾（tono），滿語，意即「城門饀釘」，卷五十五作「帖暖」。蘇伯林（subeliyen），滿語，意即「絨」，卷五十五作「蘇孛輦」。舒嚕（šuru），滿語，意即「珊瑚」，卷六十七作「逑律」。斡里（wali），滿語，意即「幻術」，卷六十七作「奧里」。

穆濟（muji），滿語，意即「大麥」，卷六十七作「梅知」。裕爾（yur），滿語，意即「水流不息」，卷九十四作「瑤里」。約囉（yoro），滿語，意即「骲頭」，卷八作「遙里」。巴哩（bari），卷六十作「把里」，卷六十一作「芭里」。額魯（elu），滿語，意即「葱」，卷六十一作「訛留」。威伊（wei i），卷六十一作「嵬移」。紐鄂（nio o），卷六十一作「紐臥」。鄂囉（oro），卷六十一作「訛羅」，又作「臥落」。明博（mingbo），唐古特語，意即「有名人」，卷六十一作「咩布」。朗鄂特（lang ot），朗，是番姓，鄂特，唐古特語，意即「光」，卷六十一作「浪訛」。威紐（wei nio），卷六十一作「嵬恧」。薩（sa），番姓，卷六十一作「煞」。威載（wei dzai），卷六十一作「嵬宰」。

古沁（gūcin），蒙古語，意即「三十」，卷六十一作「骨勤」。額伊（e i），卷六十一作「訛哆」。紐紐（nionio），滿語，意即「眼珠」，“nionio faha”，意即「瞳人」，卷六十一作「恧恧」。威明（wei ming），卷六十一作「嵬茗」。穆納（muna），蒙古語，意即「榔頭」，卷六十一作「謀寧」。莽古（mang gu），唐古特語，「莽」，意即「多」，「古」，意即「身」，卷六十一作「麻骨」。瑪納（mana），蒙古語，意即「巡察」，卷六十一作「麻奴」。諾爾桑（nor sang），唐古特語，「諾爾」，意即「財」，「桑」，意即「好」，卷六十一作「紐尚」。納琳（narin），蒙古語，意即「細」，卷六十一作「迺令」。雅蘇（yasu），卷六十二作「拽稅」。舒威（šu wei），卷六十二作「孰嵬」。烏伊（u i），卷六十二作「吳哆」。

巴沁（bacin），唐古特語，意即「大勇」，鵬的異名，卷六十二作「龎靜」。羅伊（lo i），卷六十二作「囉咿」。密莽（mi mang），唐古特語，「密」，意即「人」，「莽」，意即「多」，卷六十二作「咩銘」。頁允（ye yun），唐古特語，意即「左右」，卷六十二作「野遇」。哲伊（je i），卷六十二作「折哆」。諤（ū），番地名，卷六十二作「臥」。台楚嚕（taicuru），卷六十二作「天籍辣」。美赫（meihe），滿語，意即「蛇」，卷六十二作「梅訛」。鼐爾（nair），蒙古語，意即「和氣」，卷六十二作「迺來」。錫勒（sil），蒙古語，意即「琉璃」，卷六十二作「習勒」。吹（cui），唐古特語，意即「法」，卷六十七作「揣」。察喇（cara），滿語，意即「酒海」，注酒器，卷一三四作「雜辣」。錫鄂（si o），卷一三四作「細臥」。

欽定四庫全書

欽定金史語解卷八

按金以滿洲語為本語解內但釋解義概不複註滿洲語其中地名姓氏人名無解義者俱以今地名八旗姓氏通譜改字面訂之

人名

阿烏軲阿納

阿庫納 周匝也卷一作阿古迺

鄂玻鄂和伊哩

博和哩 豌豆也卷一作保活里

十、《欽定金史語解》人名（一）

《欽定金史語解·人名》滿漢對照表

順次	滿　語	漢　字	羅馬拼音	詞　義
1		阿庫納	akūna	周匝
2		博和哩	bohori	豌豆
3		呼實默	hūsime	經整
4		實圖美	situmui	蒙古語，頂戴
5		色實	sesi	豆麵剪子股
6		額特埒	etle	蒙古語，享受
7		斡魯	walu	瘤
8		卓克索巴	joksoba	蒙古語，立住
9		錫里庫	siliku	蒙古語，選拔

順次	滿語	漢字	羅馬拼音	詞義
10	ᡶᡠᡥᡠ	富呼	fuhu	瘊
11	ᡥᡝᡵᡠ	赫嚕	heru	車輻
12	ᠰᡳᡥᡳᠨ	錫馨	sihin	房簷
13	ᡦᠣᡴᠴᠣᡥᠣᠨ	頗克綽歡	pokcohon	矬胖
14	ᠪᠠᡵᡳᠮᡠᡳ	巴哩美	barimui	蒙古語，執
15	ᡨᡠᠩᡴᡝᠨ	通肯	tungken	鼓
16	ᠰᡠᠶᡝ	蘇頁	suye	蒙古語，萌芽
17	ᡩᠠᡵᡠᡤᠠ	達嚕噶	daruga	蒙古語，頭目
18	ᡥᠣᠵᠣ	和卓	hojo	美麗
19	ᡤᠠᡧᡡᠨ	噶順	gašūn	蒙古語，苦
20	ᠪᡝᡥᡝ	伯赫	behe	墨
21	ᡥᠣᠨᠣᡴ	和諾克	honok	蒙古語，一站

順次	滿語	漢字	羅馬拼音	詞義
22	ᠰᠠᡴᡩᠠ	薩克達	sakda	老
23	ᡠᠴᡠᠨ	烏春	ucun	曲
24	ᡠᠮᡤᠠᠨ	烏木罕	umgan	髓
25	ᠣᠪᠣᡨᠠᡳ	鄂博台	obotai	蒙古語，有堆石
26	ᠵᠣᠪᠠᠨᠠ	卓巴納	jobana	蒙古語，勞苦
27	ᠪᡠᡥᡡ	布呼	buhū	鹿
28	ᠰᠠᡴᠰᡠ	薩克蘇	saksu	茶紙簍
29	ᡥᡳᠪᠰᡠ	希卜蘇	hibsu	蜂蜜
30	ᡧᠠᠵᡳᠨ	沙津	šajin	禁約
31	ᡥᡠᠪᡨᡠ	呼卜圖	hubtu	厚棉袍
32	ᠠᡳᠰᡳ	愛實	aisi	利

順次	滿　語	漢　字	羅馬拼音	詞　義
33	ᡥᠠᡳᡤᡡᠯ	海古勒	haigūl	蒙古語，後護
34	ᡥᡡᠰᡳ	呼實	hūsi	包裹
35	ᡧᡠᡵᡠ	舒嚕	šuru	珊瑚
36	ᠪᠣᠨᠣ	博諾	bono	雹
37	ᡥᠠᠨᡩᡠ	罕都	handu	稻
38	ᠯᠠᠪᡳ	拉必	labi	箭攩
39	ᠮᠠᠴᠠ	瑪察	maca	小根菜
40	ᡤᡠᡧᡳ ᠪᠠᡴᠰᡳ	古實 巴克實	guši baksi	蒙古語，譯經師
41	ᡥᠣᡵᠣᠨ	和掄	horon	威
42	ᠰᡝᠯᡝᠮᡝ	色埒默	seleme	順刀
43	ᠪᡠᡵᡤᠠ	布爾噶	burga	柳條

順次	滿　語	漢　字	羅馬拼音	詞　義
44	ᠰᠠᡥᠠ	薩　哈	saha	小圍
45	ᠪᠠᡤᠠ	巴　噶	baga	蒙古語，小
46	ᠪᠠᡨᡠ	巴　圖	batu	蒙古語，堅固
47	ᠠᠰᡠ	阿　蘇	asu	網
48	ᠮᡠᡩᡠᡵᡳ	穆都哩	muduri	龍
49	ᠠᠯᠪᠠᠨ	阿勒班	alban	官差
50	ᠯᡝᡴᡝ	埒　克	leke	礪石
51	ᠵᠣᡩᠣ	卓　多	jodo	織
52	ᡩᠠᠰᠠᡨᠠ	達薩塔	dasata	修理
53	ᠨᡝᡤᡝᠨᠠ	訥格納	negena	蒙古語，開
54	ᡨᡠᠩᡤᡝᠨ	通　恩	tunggen	胸
55	ᠠᠯᡳᡥᠠᠨ	阿里罕	alihan	衣貼襒

順次	滿　語	漢　字	羅馬拼音	詞　義
56		威　泰	oitai	蒙古語，有記性
57		烏　塔	uta	蒙古語，烟
58		們圖琿	mentuhun	愚
59		普嘉努	pugiyanu	
60		雙　寬	šongkon	海青
61		綽　哈	cooha	兵
62		呼　嚕	huru	手背
63		密　遜	misun	醬
64		達呼布	dahūbu	令復
65		伊　里	ili	立
66		哈　里	hali	有水寬甸處

順次	滿語	漢字	羅馬拼音	詞義
67	ᡩᡝᠵᡳ	德濟	deji	上分
68	ᡧᠣᡧᠣᡥᠣᠨ	碩碩歡	šošohon	總數
69	ᠸᡝᡥᡝ	沃赫	wehe	石
70	ᠪᠣᡵᠣ	博囉	boro	蒙古語，青色
71	ᠠᡤᡠ	阿古	agu	兄長
72	ᡠᠰᡝ	烏色	use	子粒
73	ᡥᡡᡵᡤᠠᠨ	呼爾罕	hūrgan	打魚大網
74	ᡨᠣᠶᠣᠨ	托雲	toyon	準頭
75	ᡥᠣᡵᡥᠣ	和爾和	horho	櫃
76	ᠵᠠᡥᡡᡩᠠᡳ	扎呼岱	jahūdai	船
77	ᡥᠣᡵᠣᠮᠰᠠᡤᠠ	和囉木薩噶	horomsaga	蒙古語，弓鞁

順次	滿語	漢字	羅馬拼音	詞義
78	ᡨᡝᡨᡠᠩᡤᡝ	特通額	tetungge	成器
79	ᠨᡳᠴᡠᡥᡝ	尼楚赫	nicuhe	珍珠
80	ᠰᠠᠯᡳᡤᠠᠨ	薩里罕	saligan	專主
81	ᡥᡡᠸᠠᠨᡨᠠ ᠪᠣᠰᠣ	歡塔 博索	hūwanta boso	荒山 山陰
82	ᠰᡳᡤᡠᠨᠠ	實古納	siguna	蒙古語，審問
83	ᠨᡳᡤᡝ	尼格	nige	蒙古語，一數
84	ᡨᠣᠪᡤᡳᠶᠠ	托卜嘉	tobgiya	膝
85	ᡶᡠ ᡤᡡᠸᠠᡵᠠ	富卦喇	fu gūwara	大狠鶻
86	ᡥᡡᠸᠠᡧᠠᠪᡠ	沙華布	hūwašabu	造就

順次	滿　語	漢　字	羅馬拼音	詞　義
87	ᠪᠣᠯᡤᠣ	博勒和	bolgo	潔淨
88	ᡠᠯᡝᠩᡤᡠ	烏楞古	ulenggu	臍
89	ᠠᡵᡠ	阿　嚕	aru	蒙古語，山陰
90	ᠰᠠᠪᡩᠠᠨ	薩卜丹	sabdan	水點
91	ᠰᡝᠯᡝ	色　埒	sele	鐵
92	ᡩᠠᡤᡳᠶᠠᠨᡠ	大嘉努	dagiyanu	
93	ᠰᡝᡵᡤᡠᠸᡝᠨ	色爾袞	serguwen	涼爽
94	ᡧᡝᠶᡝᠨ	舍　音	šeyen	白色
95	ᠵᠠᡳᡩᠠ	齋　達	jaida	菜刀
96	ᡝᡨᡠᡥᡠᠨ	額圖琿	etuhun	強壯
97	ᠶᠣᡧᡳᠨᡠ	藥師努	yošinu	

順次	滿　語	漢　字	羅馬拼音	詞　義
98	ᠯᠣᠰᠣ	羅　索	loso	極濕難耕地
99	ᡥᠣᠰᠣᡵᡳ	和索哩	hosori	耳穢
100	ᡤᡳᠶᠠᡵᡳ	嘉　哩	giyari	巡察
101	ᠴᡡᡤᡠᡵᠰᡠ	楚　古爾　蘇	cūgursu	蒙古語，杉木
102	ᠰᡳᡤᡠᡵ	實古爾	sigur	蒙古語，傘
103	ᡥᡠᠨᠴᡠ	琿　楚	huncu	冰床
104	ᡥᠣᠯᠪᠣ	和勒博	holbo	聯絡
105	ᡠᡩᠠᠪᡠ	烏達布	udabu	令買
106	ᡶᡠᠨᠴᡝ	芬　徹	funce	有餘
107	ᡳᠰᡠ	伊　蘇	isu	蒙古語，九數
108	ᠰᡳᠯᡝ	錫　埒	sile	湯

順次	滿　語	漢　字	羅馬拼音	詞　義
109	ᠣᡵᡩᠣ	鄂爾多	ordo	亭
110	ᠵᠠᠩᠨᡠ	漳努	jangnu	
111	ᠰᡝᡶᡝᡵᡝ	色佛哷	sefere	手束
112	ᠰᡝᠩᡤᡳᠶᠠᠨᡠ	僧嘉努	senggiyanu	
113	ᠰᠠᡵᠠ	薩喇	sara	繖
114	ᡨᡝᠮᡝ	特默	teme	蒙古語，駝
115	ᠵᠠᠯᠠ	扎拉	jala	媒人
116	ᠠᡵᠪᡠᠨ	阿爾本	arbun	形像
117	ᡩᡝᡴᡩᡝ	德克德	dekde	起
118	ᠮᡡᠩᡴᡝ	蒙克	mūngke	蒙古語，經
119	ᠨᡳᠶᡝᡵᡝ	聶哷	niyere	柔弱

順次	滿　語	漢　字	羅馬拼音	詞　義
120	ᠣᠯᠣᠨ	鄂　倫	olon	馬肚帶
121	ᠰᠣᠳᠣ	索　多	sodo	蒙古語，品行超卓
122	ᠨᡠᡤᡝ	努　格	nuge	
123	ᡩᡠᡤᡝ	闍　格	duge	
124	ᡥᡡᡨᡠᡴ ᡴᡠᠨ	呼圖克昆	hūtuk kun	蒙古語，福人
125	ᠵᡠᠯᡥᡡ	珠勒呼	julhū	馬扯手
126	ᠠᠯᡳᡴᡡ	阿里庫	alikū	盤
127	ᠯᡳᡤᡳᠶᠠᠨᡠ	理嘉努	ligiyanu	
128	ᡩᡝᡵᡝᡨᠠᡳ	德哷台	deretai	蒙古語，上
129	ᡨᠣᡩᡳ	托　迪	todi	蒙古語，鸚鵡

順次	滿　語	漢　字	羅馬拼音	詞　義
130	ᡝᡵᡳᠶᡝ	額哩頁	eriye	蒙古語，花紋
131	ᠵᡠᠪ	珠卜	jub	蒙古語，是
132	ᠵᠣᡵᡳ	卓哩	jori	指
133	ᠰᡳᠨᡝᠯᡝ	實訥埒	sinele	蒙古語，過新年
134	ᡥᡡᡵᡠᡤᡡ	呼嚕古	hūrugū	蒙古語，手指
135	ᠰᡝᡴᡝ	色克	seke	貂鼠
136	ᡩᠣᠩᠮᠣ	棟摩	dongmo	茶桶
137	ᡳᡩᡠ	伊都	idu	班
138	ᠪᡠᡩᠠ	布達	buda	飯
139	ᡨᡝᡴᡠ	特庫	teku	座位
140	ᠰᡳᠯ ᡥᠠᡩᠠ	錫勒哈達	sil hada	蒙古語，琉璃山峰
141	ᠪᡠᡤᡠᡩᡝ	布古德	bugude	蒙古語，總

順次	滿　語	漢　字	羅馬拼音	詞　義
142	ᡴᡡᡵᡩᠠ	庫爾達	kūrda	攪和
143	ᠰᡳᠮᡝ	錫默	sime	蒙古語，精液
144	ᡝᡵᡳᠯᡝ	額哩埒	erile	用之以時
145	ᡠᠵᡳ	烏濟	uji	養
146	ᡶᡝᡩᡝ	佛德	fede	上進
147	ᡳᠯᡥᡳ	伊勒希	ilhi	副
148	ᠠᠯᡳᠨ	阿林	alin	山
149	ᠮᠠᡴᠰᡳ	瑪克實	maksi	舞
150	ᠵᡳᡵᡤᠠᠵᡳ	濟爾噶濟	jirgaji	蒙古語，安逸
151	ᡥᡡᠰᡠᠨ	呼遜	hūsun	力
152	ᠮᠠᡴᡳ	瑪奇	maki	纛纓
153	ᡡᠯᠵᡝᡳᡨᡠ	諤勒哲圖	ūljeitu	蒙古語，有壽

順次	滿語	漢字	羅馬拼音	詞義
154	ᠰᠠᠪᠠ	薩巴	saba	蒙古語，器皿
155	ᡩᠣᠣᠯᠠ	道拉	doola	令照式抄錄
156	ᠮᠠᠵᠠᠨ	瑪展	majan	長披箭
157	ᡠᡧᡝ	烏舍	uše	皮條
158	ᡩᠠᠰᡳ	達實	dasi	唐古特語，吉祥
159	ᡤᡳᠣᡤᡳᠶᠠᠨ	糾堅	giogiyan	緊束
160	ᡴᠠᠯᠵᠠ	喀勒扎	kalja	線臉馬
161	ᡝᠶᡝ	額頁	eye	窖
162	ᡩᠠᠯᠠᠨ	達蘭	dalan	堤岸
163	ᠰᡠᡴᡠ	蘇庫	suku	皮
164	ᠵᠣᡵᡳᠨ	卓琳	jorin	指
165	ᡨᠣᠨᡳᠣ	托紐	tonio	圍棊

順次	滿語	漢字	羅馬拼音	詞義
166	[Manchu script]	薩必	sabi	祥瑞

資料來源：《欽定四庫全書》，「史部」，《欽定金史語解》，卷八。

表中所列人名類名稱，共計一六六個，以滿洲語為本，並列漢字。除滿洲語外，還含有頗多源自蒙古語、唐古特語的人名類名稱。阿庫納（akūna），滿語，意即「周匝」，卷一作「阿古迺」。博和哩（bohori），滿語，意即「豌豆」，卷一作「保活里」。呼實默（hūsime），滿語，意即「經年之經」，卷一作「胡十門」，卷十六作「胡失門」，卷六十七作「胡十滿」。實圖美（situmui），蒙古語，意即「頂戴」，卷一作「石土門」，卷六作「神土懣」，卷八十五作「神土門」。色實（sesi），滿語，意即「豆麵剪子股」，習稱「麻花」，卷一作「謝十」。額特埒（etle），蒙古語，意即「享受」，卷一作「幹答剌」，係「斡答剌」之訛，又作「斡達剌」，卷三作「訛特剌」，卷四十四作「斡特剌」，卷一一二作「移特剌」。

斡魯（walu），滿語，意即「瘤」、「癰疽」。卓克索巴（joksoba），蒙古語，意即「立住」，卷一作「注思板」，卷十二作「直思白」。錫里庫（siliku），蒙古語，意即「選拔」，卷一作「謝里忽」，卷八作「斜里虎」，卷六十六作「厮里忽」，卷七十六作「鎖里虎」。富呼（fuhu），滿語，意即「瘊子」，卷一作「蒲虎」。赫嚕（heru），滿語，意即「車輻」，卷一作「曷魯」，卷五十四作「合魯」，卷八十作「豁魯」。錫馨（sihin），滿語，意即「房簷」，卷一作「石顯」，卷二作「習顯」，卷一一三作「世鮮」。頗克綽歡（pokcohon），滿語，意即「矬胖」，卷一作「婆諸刊」。

巴哩美（barimui），蒙古語，意即「執」，卷一作「拔乙門」。通肯（tungken），滿語，意即「鼓」，卷一作「同幹」。蘇頁（suye），蒙古語，意即「萌芽」，卷一作「謝野」，卷一一六作「速也」。達嚕噶（daruga），蒙古語，意即「頭目」，卷一作「達魯骨」。和卓（hojo），滿語，意即「美麗」，卷一作「劾者」，卷六作「合住」，卷二十七作「輝者」，卷一一一作「換住」，卷一一八作「霍琢」。噶順（gašūn），蒙古語，意即「苦」，卷一作「劾孫」。伯赫（behe），滿語，意即「墨」，卷一作「跋黑」，卷八十四作「孛黑」。和諾克（honok），蒙古語，意即「晝夜、一宿」，語解作「一站」，訛誤，卷一作「桓赧」。薩克達（sakda），滿語，意即「老」，卷一作「散達」，卷十二作「史扢撻」，卷五十九作「撒答」，卷一二一作「散虎帶」。烏春（ucun），滿語，意即「曲」、「歌」，卷一原文同，卷八十一作「吾春」。烏木罕（umgan），滿語，意即「骨髓」，卷一作「窩謀罕」，卷六十六作「訛謨罕」。

鄂博台（obotai），蒙古語，「鄂博」，意即「堆石以為祭處」，「台」，意即「有」，卷一作「烏不屯」。卓巴納（jobana），蒙古語，意即「勞苦」，卷一作「滓不乃」，卷七十作「直离海」。布呼（buhū），滿語，意即「鹿」，卷一作「卜灰」，卷二作「僕虺」，卷六作「布輝」，卷六十五作「僕灰」。薩克蘇（saksu），滿語，意即「茶紙簍」，卷一作「撒骨出」，卷十四作「撒可喜」，卷五十九作「撒葛周」，卷六十五作「厮故速」，卷一二〇作「撒合出」。希卜蘇（hibsu），滿語，意即「蜂蜜」，卷一作「辭不失」，卷五十四作「辭不習」，卷六十五作「習不失」，卷六十八作「豁拔速」，卷八十二作「習不主」，卷一〇四作「斜不失」。

沙津（šajin），滿語，意即「禁約」，卷一作「沙祇」。呼卜圖（hubtu），滿語，意即「厚棉袍」，卷一作「胡補答」。愛實（aisi），滿語，意即「利」，卷一作「阿喜」，卷十二作「阿失」。海古勒（haigūl），蒙古語，意即「後護」，卷一作「海姑」，卷五作「海狗」。呼實（hūsi），滿語，意即「包裹」，卷一作「胡喜」，卷五十九作「胡率」，卷八十六作「忽史」。舒嚕（šuru），滿語，意即「珊瑚」，卷一作「石魯」，卷十七作「世魯」。博諾（bono），滿語，意即「雹」，卷一作「盃乃」，卷十六作「蒲乃」，卷五十九作「盆納」，卷一一四作「把奴」。罕都（handu），滿語，意即「稻」，卷一作「歡都」，卷九十四作「桓篤」，卷一二〇作「歡覩」。拉必（labi），滿語，意即「箭攩」、「棉簾」，卷一作「臘醅」。瑪察（maca），滿語，意即「小根菜」，卷一作「麻產」。

古實巴克實（guši bakši），蒙古語，「古實」，意即「譯經人」，「巴克實」，意即「師」，卷一作「故石拔石」。和掄（horon），滿語，意即「威」，卷一作「活羅」。色埒默（seleme），滿語，意即「順刀」，卷一作

「斜列」。布爾噶（burga），滿語，意即「柳條」，卷一作「播立開」。薩哈（saha），滿語，意即「小圍」，或「畋獵」，卷一作「撒改」，卷二作「撒喝」，卷四作「三合」，卷六十作「撒海」。巴噶（baga），蒙古語，意即「小」，卷一作「拔葛」，卷八十八作「拔改」，卷一二九作「龐葛」。巴圖（batu），蒙古語，意即「堅固」，卷一作「跋忒」，卷五十九作「朴都」，卷六十七作「巴土」。阿蘇（asu），滿語，意即「網」，卷一作「阿踈」，卷六作「阿瑣」，卷一三二作「阿速」。穆都哩（muduri），滿語，意即「龍」，卷一作「毛睹祿」，卷八十一作「沒都魯」。阿勒班（alban），滿語，意即「官差」，卷一作「阿閣版」。埒克（leke），滿語，意即「礪石」，卷一作「留可」。卓多（jodo），滿語，意即「織」，卷一作「詐都」。達薩塔（dasata），滿語，意即「修理」，卷一作「敵庫德」，卷六十五作「狄庫德」。

訥格納（negena），蒙古語，意即「開」，卷一作「納根涅」。通恩（tunggen），滿語，意即「胸」，卷一作「鈍恩」。阿里罕（alihan），滿語，意即「衣貼襒」，卷一作「阿里合懣」，卷八十五作「阿离合懣」。威泰（oitai），蒙古語，意即「有記性」，卷一作「斡帶」。烏塔（uta），蒙古語，意即「烟」，卷一作「塢塔」。們圖琿（mentuhun），滿語，意即「愚」，卷一作「謾都訶」。普嘉努（pugiyanu），卷一作「蒲家奴」。雙寬（šongkon），滿語，意即「海青」，卷一作「勝管」，又作「勝昆」，卷二作「雙古」。綽哈（cooha），滿語，意即「兵」，卷一作「酬斡」，卷十二作「抄合」，卷十五作「醜漢」，卷十六作「醜合」，卷一三三作「逐斡」。呼嚕（huru），滿語，意即「人手背」，卷一作「胡魯」，卷三作「忽剌」，卷四作「胡盧」，卷六作「鶻魯」。密遜（misun），滿語，意即「醬」，原文作「邈遜」。達呼布（dahūbu），滿語，意即「令復」，卷一作「狄古保」，卷三作「迪古補」，卷六十三作「迪胡本」，卷六十八作「迪古不」，卷八十一作「敵古本」。伊立（ili），滿語，意即「立」，卷一作「乙烈」，卷二作「一列」。哈里（hali），滿語，意即「有水寬甸處」，就是「積水荒地」，卷一作「海里」。德濟（deji），滿語，意即「上分」，就是指孝養上等之物，卷一作「達紀」，卷六十一作「達吉」。碩碩歡（šošohon），滿語，意即「總數」，卷一作「石適歡」，卷六十三作「失束寬」。沃赫（wehe），滿語，意即「石」，卷一作「斡豁」，卷七十八作「斡虢」。

博囉（boro），蒙古語，意即「青色」，卷一作「盃魯」，卷五作「保魯」，卷五十九作「輩魯」，卷八十七作「背魯」。阿古（agu），滿語，意即「兄長之稱」，卷一作「阿聒」，卷五作「阿窊」，卷十四作「阿虎」，卷七十七作「阿忽」。烏色（use），滿語，意即「子粒」，卷一作「斡賽」，卷七十二作「沃側」，卷八十一作「斡塞」，卷一一四作「兀撒惹」。呼爾罕（hūrgan），滿語，意即「打魚大網」，卷二作「活离罕」，卷六十五作「胡里罕」，卷八十二作「忽里罕」。托雲（toyon），滿語，意即「準頭」，卷二作「太峪」，卷三作「泰欲」，卷九十五作「突欲」，卷一〇〇作「陶也」。和爾和（horho），滿語，意即「櫃」，卷二作「活臘胡」，卷十七作「合里合」，卷一一三作「合剌合」。扎呼岱（jahūdai），滿語，意即「船」，卷二作「沙忽帶」。

和囉木薩噶（horomsaga），蒙古語，意即「弓鞬」、「弓套」，卷二作「曷魯騷古」。特通額（tetungge），滿語，意即「成器」，卷二作「達塗阿」。尼楚赫（nicuhe），滿語，意即「珍珠」，卷二作「銀朮可」，又作「銀朮哥」。薩里罕（saligan），滿語，意即「專主」、「自專」，卷二作「辭里罕」，卷三作「撒離喝」，卷四作「撒离合」，卷十一作「撒里合」，卷五十九作「撒离輦」，卷七十一作「辭勒罕」。歡塔博索（hūwanta boso），滿語，「歡塔」，意即「荒山」，「博索」，意即「山陰」，卷二作「渾都僕速」。實古納（siguna），蒙古語，意即「審問」，卷二作「習古迺」，又作「石古迺」，卷七作「石古乃」，卷九十四作「什古迺」。尼格（nige），蒙古語，意即「一、數」，卷二作「捏哥」。托卜嘉（tobgiya），滿語，意即「膝」，卷二作「撻不野」，卷十四作「塔不野」，卷七十二作「撻僕野」，卷一三四作「答不野」。富卦喇（fu gūwara），滿語，意即「大狠鶻」，又作「木兔」，卷二作「僕聒剌」，卷一三三作「吳括剌」。華沙布（hūwašabu），滿語，意即「造就」，卷二作「胡沙保」，又作「胡沙補」。博勒和（bolgo），滿語，意即「潔淨」，卷二作「婆盧火」，卷四十四作「勃魯骨」。烏楞古（ulenggu），滿語，意即「臍」，卷二作「斡魯古」。

阿嚕（aru），蒙古語，意即「山陰」，卷二作「阿魯」，卷十七作「阿驢」。薩卜丹（sabdan），滿語，意即

「水點」、「雨點」，卷二作「實不迭」。色埒（sele），滿語，意即「鐵」，卷二作「辭列」，卷七作「思列」，卷六十三作「辭勒」，卷六十七作「廝勒」，卷一一一作「思烈」。大嘉努（dagiyanu），卷二作「大家奴」。色爾袞（serguwen），滿語，意即「涼爽」，卷二作「實里館」。舍音（šeyen），滿語，意即「白色」、「雪白」，卷二作「斜也」，卷三作「斜野」。齋達（jaida），滿語，意即「菜刀」、「薄刀」，卷二作「哲垤」，卷七十三作「闍敵也」。額圖琿（etuhun），滿語，意即「強壯」，卷二作「阿徒罕」，卷七十二作「阿土罕」。藥師努（yošinu），卷二作「藥師奴」。羅索（loso），滿語，意即「極濕難耕地」，卷二作「婁室」，卷六十三作「留速」。和索哩（hosori），滿語，意即「耳穢」、「耳垢」、「耳屎」，卷二作「胡蘇魯」，卷七作「胡什賚」，卷十四作「胡失剌」，又作「胡速魯」，卷六十三作「胡失來」，卷七十一作「胡實賚」，卷一一八作「忽失來」，卷一二一作「胡失賴」，卷一三五作「胡石來」。嘉哩（giyari），滿語，意即「巡察」，卷二作「糺里」。

楚古爾蘇（cūgursu），蒙古語，意即「杉木」，卷二作「雛鶻室」。實古爾（sigur），蒙古語，意即「傘」，卷二作「赤狗兒」，卷八十五作「石狗兒」。琿楚（huncu），滿語，意即「冰床」、「拖床」，卷二作「渾黜」，卷三作「渾啜」。和勒博（holbo），滿語，意即「聯絡」，卷二作「回离保」，又作「劾里保」，卷一二九作「遏剌補」，卷一三〇作「回里不」。烏達布（udabu），滿語，意即「令買」，卷二作「吾覩補」，卷七作「吾都補」，卷十八作「兀底不」，卷六十三作「烏答補」，卷六十五作「斡都拔」，卷八十八作「兀答補」，卷一一三作「兀地不」，卷一二一作「吾都不」。芬徹（funce），滿語，意即「有餘」，卷二作「蒲察」，卷六作「蒲查」。

伊蘇（isu），蒙古語，意即「九」數，卷二作「乙薛」，又作「乙室」，卷一〇〇作「斤出」。錫埒（sile），滿語，意即「湯」，卷二作「婁實」。鄂爾多（ordo），滿語，意即「亭」，卷二作「訛里朶」，卷十六作「斡魯朶」。漳努（jangnu），卷二作「張奴」。色佛呼（sefere），滿語，意即「手束」、「把握」，卷二作「謝佛留」。僧嘉努（senggiyanu），卷二作「僧嘉奴」。薩喇（sara），滿語，意即「繖」、「傘」，卷二作「辭刺」，卷六作「刺撒」，卷十一作「撒刺」，卷六十七作「騷臘」，卷七十四作「賽刺」。特默（teme），蒙古語，意即「駝」，卷二作「特末」，卷八作「特木也」。扎拉（jala），滿語，意即「媒人」，卷二作「查刺」，又作「察刺」。阿爾本（arbun），滿語，意即「形像」，卷二作「阿离本」，又作「阿刺本」，又作「阿里本」，卷六十三作「斡里保」。德克德（dekde），滿語，意即「起」，卷二作「迪忽迭」，卷八十一作「迪姑迭」。

蒙克（mūngke），蒙古語，意即「經常之經」、「永恆」，卷二作「蒙刮」，卷六十五作「蒙葛」，卷九十五作「蒙括」。聶呼（niyere），滿語，意即「柔弱」，卷二作「揑里」。鄂倫（olon），滿語，意即「馬肚帶」，卷二作「斡論」，卷十七作「兀論」。索多（sodo），蒙古語，意即「品行超卓」，卷二作「散都」。努格（nuge），卷二作「奴哥」。闍格（duge），卷二作「闍哥」。呼圖克昆（hūtuk kun），蒙古語，意即「福人」，卷二作「胡突衮」。珠勒呼（julhū），滿語，意即「馬扯手」，卷二作「朮里古」，卷八十八作「朮魯古」，卷一一四作「卓魯回」，卷一二一作「朮里骨」。阿里庫（alikū），滿語，意即「盤」，卷二作「阿里骨」，卷三作「阿里刮」，卷五作「阿里忽」。理嘉努（ligiyanu），卷二作「李家奴」。德呼台（deretai），蒙古語，意即「上」，卷二作「特里底」，又作「得里底」。托迪（todi），蒙古語，意即「鸚鵡」，卷二作「突迭」，卷六十七作「駝朵」。額哩頁（eriye），蒙古語，意即「花紋」，卷二作「訛里野」，卷八作「余里也」。珠卜（jub），蒙古語，意即「是非之是」，卷二作「朮孛」。卓哩（jori），滿語，意即「指」，卷二作「照里」，又作「照立」。

實訥埒（sinele），蒙古語，意即「過新年」，卷二作「習泥烈」。呼嚕古（hūrugū），蒙古語，意即「手指」，卷二作「胡剌古」。色克（seke），滿語，意即「貂鼠」，卷二作「斜葛」，卷六作「斜哥」。楝摩（dongmo），滿語，意即「茶桶」，卷二作「闍母」。伊都（idu），滿語，意即「班」，卷二作「余都」，卷十六作「益都」。布達（buda），滿語，意即「飯」，卷二作「背答」，卷三作「白答」，卷六十五作「白達」，卷九十四作「駁達」。特庫（teku），滿語，意即「座位」，卷二作「特虎」。錫勒哈達（sil hada），蒙古語，「錫勒」，意即「琉璃」，「哈達」，意即「山峯」，卷二作「實里古達」。布古德（bugude），蒙古語，意即「總」，卷二作「僕忽得」，卷五作「孛古的」。庫爾達（kūrda），滿語，意即「攪和」，卷二作「胡离答」。

錫默（sime），蒙古語，意即「精液」，卷二作「霞末」。額哩埒（erile），滿語，意即「用之以時」，卷二作「訛里剌」，卷十九作「阿里剌」，卷一〇五作「訛离剌」。烏濟（uji），滿語，意即「養」，卷二作「吳甲」。佛德（fede），滿語，意即「上進」，卷二作「佛頂」。伊勒希（ilhi），滿語，意即「副」，卷二作「雅里斯」，卷七十四作「野里斯」。阿林（alin），滿語，意即「山」，卷二作「阿隣」，卷九十三作「阿憐」，卷一三二作「阿楞」。瑪克實（maksi），滿語，意即「舞」，卷二作「謀葛失」。濟爾噶濟（jirgaji），蒙古語，意即「安逸」，卷二作「菹泥刮失」。呼遜（hūsun），滿語，意即「力」，卷二作「忽薛」，卷六十五作「胡蘇」。瑪奇（maki），滿語，意即「纛纓」，卷二作「麻吉」。諤勒哲圖（ūljeitu），蒙古語，意即「有壽」、「吉祥」，卷二作「烏里質鐸」。薩巴（saba），蒙古語，意即「器皿」，卷二作「撒八」。道拉（doola），滿語，意即「令照式抄錄」、「令謄寫」，卷二作「鐸剌」，卷十三作「奪剌」，卷二十三作「朶剌」。瑪展（majan），滿語，意即「長披箭」，卷二作「麻哲」，卷九作「謀甲」，卷一二三作「麻者」。烏舍（uše），滿語，意即「皮條」，卷二作「吳十」，卷一一六作「兀惹」。

達實（dasi），唐古特語，意即「吉祥」，卷二作「大石」，卷七十四作「臺實」。糾堅（giogiyan），滿語，意即「緊束」，卷二作「九斤」。喀勒扎（kalja），滿語，意即「線臉馬」，卷二作「喝离質」，卷三作「曷里質」。額頁（eye），滿語，意即「窖」，卷二作「奧野」，卷六十一作「奧也」。達蘭（dalan），滿語，意即「堤岸」，卷二作「撻懶」，卷五作「達懶」，卷六十九作「撻楞」。蘇庫（sukū），滿語，意即「皮」，卷二作「速古」。卓琳（jorin），滿語，意即「指」，卷二作「啜里」，又作「照理」。托紐（tonio），滿語，意即「圍碁」，卷二作「鐵尼」，卷三作「突撚」。薩必（sabi），滿語，意即「祥瑞」，卷二作「下品」，卷六十八作「三濱」。

烏蘇 烏粘

蘇庫 皮也卷二作速古

鄂卓 哩因

卓琳 指也卷二作啜里又作照理併改

鄂托 紐

托紐 圍碁也卷二作鐵尼卷[illegible]作突撚併改

阿薩 [illegible]

薩[illegible] 祥瑞也卷二作下品卷六十八作三濱併改

欽定金史語解卷九

人名

鄂郝沙

多羅綽索 禮儀也卷三作特烈速設

雅里 肉也從史卷三原文

鄂嚕烏蘇

欽定四庫全書

博爾蘇 蒙古語餑餑也卷三作勃剌速卷七十一作勃剌淑併改

十一、《欽定金史語解》人名（二）

《欽定金史語解・人名》滿漢對照表

順次	滿　語	漢　字	羅馬拼音	詞　義
1		多囉 約索	doro yoso	禮儀
2		雅里	yali	肉
3		博爾蘇	borsu	蒙古語，餑餑
4		愛實拉	aisila	協助
5		呼必台	hūbitai	蒙古語，有分
6		扎古雅	jagūya	蒙古語，咬
7		卓佛和	jofoho	對斜尖
8		富勒呼	fulhū	口袋

順次	滿　語	漢　字	羅馬拼音	詞　義
9		和碩台	hošootai	蒙古語，在旗之人
10		烏哲訥	ujene	蒙古語，看
11		齊蘇	cisu	私
12		克爾叟	kerseo	蒙古語，老練
13		博斯呼	boshū	蒙古語，立
14		巴錦	bagin	
15		烏里	uli	弓弦
16		頁嚕	yeru	穴
17		蘇赫	suhe	斧
18		布希	buhi	
19		和尼	honi	蒙古語，羊
20		巴爾斯	bars	蒙古語，虎

順次	滿語	漢字	羅馬拼音	詞義
21	ᡩᠣᡵᠣᠯᠣᠨ	多囉鑾	dorolon	禮
22	ᡤᡡᡵᠪᠠᠨ	古爾班	gūrban	蒙古語，三
23	ᠨᠠᠶᠠᠨ	納延	nayan	蒙古語，八十
24	ᡥᡡᡧᠠᡥᡡ	呼沙呼	hūšahū	鴞鳥
25	ᠰᠠᡵᠠ ᡩᠠ	薩喇達	sara da	繖頭目
26	ᡥᠠᡵᠠ	哈喇	hara	蒙古語，黑色
27	ᡩᠠᡥᡡ	達呼	dahū	端罩
28	ᡠᡥᡠᠨ	烏琿	uhun	包裹
29	ᡥᡡᡵᠠᠰᠠᠨ	呼喇繖	hūrasan	蒙古語，已積聚
30	ᠰᡝᡵᡳ	色哩	seri	稀
31	ᠰᡠᠮᠠᠯᠠ	蘇瑪拉	sumala	小口袋

順次	滿語	漢字	羅馬拼音	詞義
32		伊遜 特古斯	isun tegus	蒙古語， 九全
33		勝額	šengge	預知
34		當堪	dangkan	世僕
35		阿里	ali	承當
36		富埒琿	fulehun	惠
37		阿里布	alibu	呈遞
38		色哩頁	seriye	蒙古語， 鋼叉
39		達達哩	dadari	打騷鼠 之器
40		必埒哩	bileri	嗩吶
41		圖嚕拉	turula	為首

順次	滿　語	漢　字	羅馬拼音	詞　義
42	ᡠᡴᠰᡳᠨ	烏克新	uksin	甲
43	ᡥᠠᠪᡠᡵ	哈布爾	habur	蒙古語，春
44	ᡨᡠᡵᡳ	圖哩	turi	豆
45	ᠣᠶᠣ	鄂約	oyo	氈廬頂
46	ᡩᡳᠯᡳ	迪里	dili	索倫語，頭
47	ᡨᡝᠮᡝᡤᡝ	特默格	temege	蒙古語，駝
48	ᡨᡝᡤᡠᠰ	特古斯	tegus	蒙古語，全
49	ᡥᡡᠯᠠᠪᡠ	呼拉布	hūlabu	令其念
50	ᡥᡡᠯᠠᠨ	呼蘭	hūlan	烟洞
51	ᡥᡡᠯᡥᡳᡨᡠ	呼勒希圖	hūlhitu	糊塗
52	ᠸᠠᡨᠠᡳ	斡泰	watai	著實
53	ᠪᠠᡩᠠ	巴達	bada	濫漫

順次	滿　語	漢　字	羅馬拼音	詞　義
54	ᠮᠠᠨᡩᠠ	滿　達	manda	慢
55	ᠸᡝᡳᡥᡝ	威　赫	weihe	牙
56	ᡩᠠᠸᠠ	達　斡	dawa	唐古特語，月
57	ᡴᡝᡵᡝᡴ ᠪᠠᡤᠠ	克呼克 巴　噶	kerek baga	蒙古語，事小
58	ᠠᡵᡠᡩᠠᡳ	阿嚕岱	arudai	山陰之處
59	ᡝᡨᡝᠪᡠ	額特布	etebu	勝
60	ᡨᠠᠰ	塔　斯	tas	蒙古語，性急迫
61	ᠰᠠᠮᠠᠨ	薩　滿	saman	巫
62	ᠠᠯᠠᠨ	阿　蘭	alan	樺皮
63	ᡥᡠᡨᡠ	呼　圖	hutu	鬼
64	ᡝᡵᡝᠴᡠᡴᡝ	額　呼 楚　克	erecuke	可望

順次	滿　語	漢　字	羅馬拼音	詞　義
65		烏　達	uda	蒙古語，次數
66		博　濟	boji	文券
67		穆里延	muliyan	腮根
68		呼爾察	hūrca	蒙古語，敏捷
69		蘇爾圖	surtu	蒙古語，有威
70		呼喇勒	hūral	蒙古語，積聚
71		富　魯	fulu	優長
72		阿　哈	aha	奴才
73		蘇　尼	suni	蒙古語，夜
74		達　年 鄂　博	daniyan obo	遮蔽 蒙古語，堆石
75		定　格	dingge	
76		朋　格	pengge	

順次	滿　語	漢　字	羅馬拼音	詞　義
77	ᠮᠠᠮᡦᡳ	滿　丕	mampi	扣
78	ᡥᡡᡩᠠ	呼　達	hūda	價值
79	ᠸᠠᡴᡧᠠᠨ	斡克珊	wakšan	蝦蟆
80	ᠰᠠᡥᠠᠯᡳᠶᠠᠨ	薩哈連	sahaliyan	黑色
81	ᠪᠣᡴᡳᠶᠠ	博　恰	bokiya	蒙古語，身笨
82	ᠮᡠᡵᠠᠸᠠ	穆喇斡	murawa	唐古特語，言之
83	ᠶᡠᠸᠠᠨᡶᡠᠨᡠ	圓福努	yuwanfunu	
84	ᠪᡝᡨᡝ	伯　特	bete	才力不足
85	ᠮᠣᡵᠣᡥᠣᠨ	摩囉歡	morohon	眼圓睜
86	ᠨᠠᠰᡠ	納　蘇	nasu	蒙古語，歲數
87	ᡶᡠᠩᡤᡳᠶᠠᠨᡠ	豐嘉努	funggiyanu	

順次	滿語	漢字	羅馬拼音	詞義
88	ᠵᡠᠵᠠᠨ	珠 展	jujan	蒙古語，厚
89	ᠶᠣᠰᠣ	約 索	yoso	儀
90	ᡥᠠᡳᡥᡡ	海 呼	haihū	嬝娜
91	ᠵᡠᠰᡠᠯᠠ	珠蘇拉	jusula	蒙古語，過夏之處
92	ᠶᠠᠩᠵᡠ ᡠᠯᡝᡤᡠ	揚 珠 烏埒古	yangju ulegu	儀表 有餘
93	ᠸᠠᡥᠠᠨ	斡 罕	wahan	馬蹄
94	ᡠᡵᡝᡥᡝ	烏呼赫	urehe	已熟
95	ᠵᡠᠪᠠᡴ	珠巴克	jubak	蒙古語，水溝
96	ᡧᡠᠰᡠ ᠣᠪᠣ	舒 蘇 鄂 博	šusu obo	蒙古語，廩給 堆石
97	ᠠᠯᠪᠠ	阿勒巴	alba	蒙古語，官差

順次	滿語	漢字	羅馬拼音	詞義
98	ᠵᠣᠣ ᡥᠣᡧᠣᠣ	昭和碩	joo hošoo	蒙古語，百旗
99	ᠪᡠᡵᡳᠨ	布琳	burin	蒙古語，全
100	ᡠᠵᡝ	烏哲	uje	蒙古語，看
101	ᠠᡤᡡᡩᠠᡳ	阿古岱	agūdai	蒙古語，寬處
102	ᠴᡝᠴᡝᠨ	徹辰	cecen	蒙古語，聰明
103	ᠰᡳᠨᡝ	實訥	sine	蒙古語，新
104	ᠪᡠᠮᠪᡠ	本布	bumbu	蒙古語，道士
105	ᡨᡠᡵᠠ	圖喇	tura	柱
106	ᡤᡠᠶᡠᠨ	古雲	guyun	唐古特語，才能
107	ᠵᡝᠩᡤᡳᠶᠠ	正嘉	jenggiya	
108	ᠣᠯᠪᠣ	鄂勒博	olbo	馬褂

順次	滿 語	漢 字	羅馬拼音	詞 義
109	ᡴᠠᠴᡳᡴᠠ	喀齊喀	kacika	索倫語，小犬
110	ᠠᠣᠯᠠ	敖拉	aola	蒙古語，山
111	ᠠᠰᠠᡵ	阿薩爾	asar	蒙古語，閣
112	ᠣᠪᠣᡴᡡ	鄂博庫	obokū	洗臉盆
113	ᡤᡠᠸᠠᠯᡳ	瓜里	guwali	關廂
114	ᠮᡝᠶᡝᠨ	默音	meyen	隊
115	ᡶᡠᠰᡝᡴᡝ	富色克	fuseke	孳生
116	ᠯᡠᡵᡤᡳᠨ	魯爾錦	lurgin	聲濁
117	ᡨᠠᠨᠠ	塔納	tana	東珠
118	ᠸᠠᠩᡤᡳᠶᠠᠨᡠ	萬嘉努	wangiyanu	
119	ᠵᠠᠪᠠ	扎巴	jaba	蒙古語，山谷
120	ᠰᠠᠯᠵᠠ	薩勒扎	salja	岐路

順次	滿 語	漢 字	羅馬拼音	詞 義
121	ᡥᡝᠣᡤᡳᠶᠠᠨᡠ	厚嘉努	heogiyanu	
122	ᡠᡴᡝᠨᠴᡝ	烏肯徹	ukence	蒙古語，柔弱
123	ᡠᠵᡝᡴᡠ	烏哲庫	ujeku	蒙古語，看
124	ᡥᡡᠸᠠᠨᡨᠠ	歡 塔	hūwanta	荒山
125	ᠰᠠᡵᠠᠯ	薩喇勒	saral	蒙古語，駱皮馬
126	ᡥᡡᡨᠠᡤᠠ	呼塔噶	hūtaga	蒙古語，小刀
127	ᡴᡝᠰᡳ	克 實	kesi	恩
128	ᠠᠪᡠᡥᠠ	阿布哈	abuha	薺菜
129	ᡳᡩᡝ	伊 德	ide	蒙古語，食
130	ᡤᡝᠪᡠ	格 布	gebu	名
131	ᠪᡳᠨᡩᡠ	璸 都	bindu	蒙古語，字圈
132	ᠵᡠᡩᡝᠯ	珠德勒	judel	蒙古語，勞苦

順次	滿　語	漢　字	羅馬拼音	詞　義
133	ᠠᠯᠠ	阿拉	ala	平矮山
134	ᠰᠠᡵᠯᠠ	薩爾拉	sarla	貉皮馬
135	ᠨᠣᠣᡵ	諾爾	noor	蒙古語，池
136	ᠰᡳᡵᡝ	實呼	sire	蒙古語，床
137	ᡡᠰᡠᠯᡝᡴ	烏蘇埒克	ūsulek	蒙古語，草木稠密
138	ᡥᡡᠶᠠᡴ	呼雅克	hūyak	蒙古語，甲
139	ᡨᠠᡶᡠᠯᠠ	塔富拉	tafula	諫
140	ᡠᡵᡳᠶᠠ	烏哩雅	uriya	蒙古語，請
141	ᠨᡳᠮᠠᡥᠠ	尼瑪哈	nimaha	魚
142	ᡤᠣᡵᠣ	果囉	goro	遠
143	ᠠᠨᡩᠠ	諳達	anda	夥伴
144	ᠰᠣᡵᠣ	索囉	soro	棗

順次	滿 語	漢 字	羅馬拼音	詞 義
145	ᠰᡳᠯᡨᠠᡤᠠᠨ	錫勒塔干	siltagan	蒙古語，情由
146	ᠪᠣᡥᠣᡨᠣ	博和托	bohoto	駝峯
147	ᡥᠣᡧᠣ	和碩	hošo	隅
148	ᠰᠠᡳᠨ	賽音	sain	好
149	ᠯᠣᠣᡤᡳᠶᡡᠨᠨᡠ	老君努	loogiyūnnu	
150	ᠠᠮᠠᠯᠠ	阿瑪拉	amala	後

資料來源：《欽定四庫全書》，「史部」，《欽定金史語解》，卷九。

表中所列人名類名稱，共計一五〇個，以滿洲語為本，並列漢字。除滿洲語外，還含有頗多源自蒙古語、唐古特語的人名類名稱。多囉約索（doro yoso），滿語，意即「禮儀」，卷三作「特列遙設」。雅里（yali），滿語，意即「肉」，從卷三原文。博爾蘇（borsu），蒙古語，意即「餑餑」，卷三作「勃剌速」，卷七十一作「勃剌淑」。愛實拉（aisila），滿語，意即「協助」，卷三作「阿實賚」，卷六作「外失剌」，卷一一三作「阿失剌」。呼必台（hūbitai），蒙古語，意即「有分」，卷三作「活孛帶」。

扎古雅（jagūya），蒙古語，意即「咬」，卷三作「昭古牙」。卓佛和（jofoho），滿語，意即「菱形對斜尖」，卷三作「朮僕古」。富勒呼（fulhū），滿語，意即「口袋」，卷三作「僕盧古」，卷七作「蒲魯虎」。

和碩台（hošootai），蒙古語，意即「在旗之人」，卷三作「鶻實答」，卷五作「胡失打」，卷七十二作「胡拾答」，卷八十四作「胡十答」，卷一二一作「胡失答」。烏哲訥（ujene），蒙古語，意即「看」，卷三作「烏爪乃」。齊蘇（cisu），滿語，意即「私」，卷三作「雛思」。克爾叟（kerseo），蒙古語，意即「老練」，卷三作「曷魯燥」，卷七十七作「合魯索」，卷八十一作「合魯燥」。博斯呼（boshū），蒙古語，意即「立」，卷三作「白撒曷」，卷十八作「把撒合」。巴錦（bagin），卷三作「八斤」。烏里（uli），滿語，意即「弓弦」，卷三作「烏烈」，卷十七作「兀里」，卷六十六作「悟烈」。頁嚕（yeru），滿語，意即「穴」，卷三作「耶魯」，卷十作「葉魯」，卷一一三作「野驢」。蘇赫（suhe），滿語，意即「斧」，卷三作「掃喝」，卷六作「燥合」，卷九作「速可」。布希（buhi），卷三作「蒲莧」，卷十七作「卜吉」，卷十八作「蒲鮮」，卷一二一作「蒲閒」。

和尼（honi），蒙古語，意即「羊」，卷三作「活女」。巴爾斯（bars），蒙古語，意即「虎」，卷三作「拔离速」。多囉鑾（dorolon），滿語，意即「禮」，卷三作「奪离剌」。古爾班（gūrban），蒙古語，意即「三」，卷三作「夔里本」。納延（nayan），蒙古語，意即「八十」，卷三作「那野」，卷一三三作「那也」。呼沙呼（hūšahū），滿語，意即「鴞鳥」，卷三作「鶻沙虎」，卷十三作「胡沙虎」，卷十七作「忽斜虎」，卷六十七作「忽沙渾」，卷一三二作「忽殺虎」。薩喇達（sara da），滿語，「薩喇」，意即「繖」，又作「傘」，「達」，意即「頭目」，卷三作「撒剌答」。哈喇（hara），蒙古語，意即「黑色」，卷三作「喝里」。達呼（dahū），滿語，意即「端罩」，或作「皮端罩」，卷三作「迪虎」，卷十六作「塔忽」，卷六十八作「達回」。烏琿（uhun），滿語，意即「包裹」，卷三作「烏虎」，卷六作「兀虎」。呼喇繖（hūrasan），蒙古語，意即「已積聚」，卷三作「活剌散」。色哩（seri），滿語，意即「稀」，卷三作「賽里」，又作「塞里」。蘇瑪拉（sumala），滿語，意即「小口袋」，卷三作「薩謀魯」。

伊遜特古斯（isun tegus），蒙古語，「伊遜」，意即「九」數，「特古斯」，意即「全部之全」，卷三作「移沙土古思」。勝額（šengge），滿語，意即「預知」，卷三作「繩果」。當堪（dangkan），滿語，意即「世僕」，卷三作「當海」。阿里（ali），滿語，意即「承當」，卷三原文作「阿里」，卷一三二作「阿列」。富埒琿（fulehun），滿語，意即「惠」、「恩惠」，卷三作「蒲盧渾」，卷六十八作「蒲盧懽」。阿里布（alibu），滿語，意即「呈遞」，卷三作「阿魯補」，又作「阿盧補」，卷四作「阿離補」，卷六作「阿里白」，又作「阿里補」，卷九十四作「阿里不」，卷一〇一作「阿魯不」。色哩頁（seriye），蒙古語，意即「鋼义」，卷三作「斜里」。達達哩（dadari），滿語，意即「打騷鼠之器」，卷三作「大迪里」。必埒哩

（bileri），滿語，意即「嗩吶」，卷三作「別离剌」，卷六十作「闢里剌」，卷七十六作「闢離剌」。圖嚕拉（turula），滿語，意即「為首」、「倡率」，卷三作「突离剌」。烏克新（uksin），滿語，意即「甲」，卷三作「烏克壽」。

哈布爾（habur），蒙古語，意即「春」，卷三作「鶻拔魯」，卷五作「胡拔魯」，卷五十九作「胡八魯」，卷七十一作「鶻巴魯」，又作「斛拔魯」。圖哩（turi），滿語，意即「豆」，卷三作「忒里」，卷六十三作「特里」。鄂約（oyo），滿語，意即「氈廬頂」，卷三作「偎欲」。迪里（dili），索倫語，意即「頭」，從卷三原文作「迪里」，卷六十五作「迭勒」。特默格（temege），蒙古語，意即「駝」，卷三作「特謀格」，卷六作「特末哥」。特古斯（tegus），蒙古語，意即「全部之全」，卷三作「土古斯」。

呼拉布（hūlabu），滿語，意即「令其念」，卷四作「斛魯補」，卷七十三作「鶻魯補」，卷八十作「忽盧補」。呼蘭（hūlan），滿語，意即「烟洞」，卷四作「鶻懶」，卷一一二作「胡里安」。呼勒希圖（hūlhitu），滿語，意即「糊塗」、「糊塗人」，卷四作「活离胡土」。斡泰（watai），滿語，意即「著實」、「非常」，卷四作「斡帶」。巴達（bada），滿語，意即「濫漫」、「用度張大」，卷四作「把搭」，卷六十五作「拔達」，卷一一一作「八打」。滿達（manda），滿語，意即「慢」，卷四作「漫帶」。威赫（weihe），滿語，意即「牙」，卷四作「偎喝」，卷十三作「渭河」，卷十六作「畏可」。

達斡（dawa），唐古特語，意即「月」，卷四作「太鸞」。克呼克巴噶（kerek baga），蒙古語，「克呼克」，意即「事」，「巴噶」，意即「小」，卷四作「哥魯葛波古」。阿嚕岱（arudai），蒙古語，意即「山陰之處」，卷四作「阿魯帶」，卷一〇八作「阿魯答」，卷一一一作「阿祿帶」。額特布（etebu），滿語，意即「勝」，卷四作「烏達捕」。塔斯（tas），蒙古語，意即「性急迫」，卷四作「特思」，又作「特厮」。薩滿（saman），滿語，意即「巫」，卷四作「撒夘」。阿蘭（alan），滿語，意即「樺皮」，卷四作「阿懶」，卷六十九作「阿楞」。呼圖（hutu），滿語，意即「鬼」，卷四作「忽土」，卷十五作「胡土」，卷七十一作「忽吐」。額呼楚克（erecuke），滿語，意即「可望」，卷四作「阿里出虎」，卷一三二作「阿里忽出」。烏達（uda），蒙古語，意即「次數」，卷五作「烏帶」，卷六作「兀帶」，卷五十九作「烏特」，卷七十一作「吾撻」，卷九十一作「兀迭」，卷一一六作「兀底」。博濟（boji），滿語，意即「文券」，卷五作「孛極」，卷十八作「白進」，卷五十九作「孛吉」。穆里延（muliyan），滿語，意即「腮根」，卷五作「謀里野」，卷五十九作「謀里也」，卷六十三作「沒里野」。呼爾察（hūrca），蒙古語，意即「敏捷」，卷五作「活里甲」，卷一〇一作「胡論出」。蘇爾圖（surtu），蒙古語，意即「有威」，卷五作「莎魯啜」。呼喇勒（hūral），蒙古語，意即「積聚」，卷五作「胡里剌」，卷十五作「胡魯剌」，卷一一四作「忽魯剌」。富魯（fulu），滿語，意即「優長」，卷五作「馮六」。阿哈（aha），滿語，意即「奴才」，卷五作「阿海」，卷五十九作「阿合」。蘇尼（suni），蒙古語，意即「夜」，卷五作「徐輦」，卷五十九作「孰輦」。達年鄂博（daniyan obo），「達年」，滿語，意即「遮蔽」，「鄂博」，蒙古語，意即「堆石以為祭處」，卷五作「迪輦阿不」。定格（dingge），卷五作「定哥」。朋格（pengge），卷五作「彭哥」。

滿丕（mampi），滿語，意即「結扣之扣」，又作「打結之結」，卷五作「麻潑」，卷六十五作「麻頗」，卷九十四作「麻發」。呼達（hūda），滿語，意即「價值」，卷五作「忽撻」，卷七十作「胡撻」。斡克珊（wakšan），滿語，意即「蝦蟆」，卷五作「窊合山」。薩哈連（sahaliyan），滿語，意即「黑色」，卷五作「撒合輦」。博恰（bokiya），蒙古語，意即「身笨」，卷五作「蒲家」，卷七十作「蒲匣」，卷一〇三作「鉢轄」。穆喇斡（murawa），唐古特語，意即「言之」，卷五作「謨盧瓦」，卷八十六作「謀魯瓦」。

圓福努（yuwanfunu），卷五作「圓福奴」。伯特（bete），滿語，意即「才力不足」，卷五作「孛迭」，卷五十九作「孛德」。摩囉歡（morohon），滿語，意即「眼圓睜」，卷五作「謀良虎」，又作「毛良虎」。納蘇（nasu），蒙古語，意即「歲數」，卷五作「南撒」。豐嘉努（funggiyanu），卷五作「馮家奴」。珠展（jujan），蒙古語，意即「厚」，卷五作「招折」。約索（yoso），滿語，意即「儀」，卷五作「遙設」。海呼（haihū），滿語，意即「嬝娜」，卷五作「好胡」，卷七十六作「化胡」。珠蘇拉（jusula），蒙古語，意即「過夏之處」，卷五作「朮斯剌」。揚珠烏埒古（yangju ulegu），蒙古語，「揚珠」，意即「儀表」，「烏埒古」，意即「有餘」，卷五作「寅朮烏籠骨」。斡罕（wahan），滿語，意即「馬蹄」，卷五作「斡喝」，卷六作「窩斡」，卷八十四作「斡窩」。烏呼赫（urehe），滿語，意即「已熟」，卷五作「烏里黑」，卷六十七作「屋里黑」。

珠巴克（jubak），蒙古語，意即「水溝」，卷五作「助不古」，卷一二〇作「朮輩」，卷一三五作「朮孛」。舒蘇鄂博（šusu obo），蒙古語，「舒蘇」，意即「廩給」，「鄂博」，意即「堆石以為祭處」，卷五作「矧思阿不」，卷九十一作「順思阿不」，卷一〇五作「慎思阿不」。阿勒巴（alba），蒙古語，意即「官差」，卷五作「阿魯保」。昭和碩（joo hošoo），蒙古語，「昭」，意即「百」數，「和碩」，意即「旗」，卷五作「召合式」，卷八十一作「召和失」。布琳（burin），蒙古語，意即「全」，卷五作「普連」。烏哲（uje），蒙古語，意即「看」，卷五作「烏者」，卷八十四作「斡者」，卷一三三作「兀者」。阿古岱（agūdai），蒙古語，意即「寬處」，卷五作「阿虎迭」，卷十七作「阿虎帶」，卷八十一作「阿胡迭」，卷一一一作「阿忽帶」。徹辰（cecen），蒙古語，與“secen”同義，意即「聰明」，卷五作「乂察」，卷八作「禪赤」。實訥（sine），蒙古語，意即「新」，卷五作「習泥」，卷六十三作「神涅」，卷八十一作「謝奴」，卷一三三作「十涅」。本布（bumbu），蒙古語，意即「道士」，卷五作「不補」。圖喇（tura），滿語，意即「柱」，卷五作「禿剌」，卷八十六作「突剌」，卷一二一作「圖剌」。古雲（guyun），唐古特語，意即「才能」、「學識」，卷五作「轂亨」，卷五十九作「轂英」。正嘉（jenggiya），卷五作「鄭家」。鄂勒博（olbo），滿語，意即「馬褂」，卷五作「斡盧保」，卷三十一作「訛魯補」，卷四十八作「歐里白」，卷九十一作「斡魯保」，卷一二七作「斡魯補」。

喀齊喀（kacika），索倫語，意即「小犬」，卷五作「合喜」。敖拉（aola），蒙古語，意即「山」，卷五作「奧剌」。阿薩爾（asar），蒙古語，意即「閣」，卷五作「阿散」，卷八十四作「阿撒」。鄂博庫（obokū），滿語，意即「洗臉盆」，卷五作「兀不喝」，卷一二九作「吾補可」。瓜里（guwali），滿語，意即「關廂」，卷六作「括里」。默音（meyen），滿語，意即「隊」，卷六作「謀衍」。富色克（fuseke），滿語，意即「孳生」，卷六作「蒲速越」。魯爾錦（lurgin），滿語，意即「聲濁」，卷六作「六斤」。塔納（tana），滿語，意即「東珠」，卷六作「檀奴」。萬嘉努（wangiyanu），卷六作「萬家奴」。

扎巴（jaba），蒙古語，意即「山谷」，卷六作「札八」，卷六十三作「察八」。薩勒扎（salja），滿語，意即「岐路」、「三岔路」，卷六作「沙离只」，卷八十作「沙里只」，又作「沙离質」，卷一三〇作「沙里質」。厚嘉努（heogiyanu），卷六作「後家奴」。烏肯徹（ukence），蒙古語，意即「柔弱」，卷六作「兀古出」，卷十六作「吾古出」，卷六十五作「烏古出」。烏哲庫（ujeku），蒙古語，意即「看」，卷六作「吾札忽」。歡塔（hūwanta），滿語，意即「荒山」，卷六作「渾坦」。薩喇勒（saral），蒙古語，意即「貉皮馬」，卷六作「實魯剌」，卷九十三作「石魯剌」。呼塔噶（hūtaga），蒙古語，意即「小刀」，卷六作「胡土瓦」。克實（kesi），滿語，意即「恩」，卷六作「可喜」。阿布哈（abuha），滿語，意即「薺菜」，卷六作「阿孛罕」，卷五十九作「阿保寒」。

伊德（ide），蒙古語，意即「食」，卷六作「移迭」，卷八十四作「乙迭」。格布（gebu），滿語，意即「名」，卷六作「葛補」。璸都（bindu），蒙古語，意即「字圈」，卷六作「奔睹」，卷八十七作「班覲」。珠德勒（judel），蒙古語，意即「勞苦」，卷六作「朮突剌」。阿拉（ala），滿語，意即「平矮山」，卷六作「按剌」，卷十五作「阿剌」。薩爾拉（sarla），滿語，意即「貉皮馬」，卷六作「沙里剌」，卷六十三作「莎魯剌」。諾爾（noor），蒙古語，意即「池」，卷六作「裊」，卷一三三作「娜」。實呼（sire），蒙古語，意即「床」，卷六作「徐列」。烏蘇埒克（ūsulek），蒙古語，意即「草木稠密」，卷六作「胡速魯改」。

呼雅克（hūyak），蒙古語，意即「甲」，卷六作「和衍」。塔富拉（tafula），滿語，意即「諫」，卷六作「天佛留」。烏哩雅（uriya），蒙古語，意即「召喚」，語解作「請」，異，卷六作「烏里雅」，卷四十四作「烏里野」，卷七十七作「斡里也」，卷一〇一作「吾里也」。尼瑪哈（nimaha），滿語，意即「魚」，卷六作「粘沒噶」。果囉（goro），滿語，意即「遠」，卷六作「摑剌」。諳達（anda），滿語，意即「夥伴」，卷六作「按答」，卷十二作「按帶」，卷四十四作「按達」，卷一一二作「愛塔」。索囉（soro），滿語，意即「棗」，卷六作「莎魯窩」，卷七十二作「莎邏」。錫勒塔干（siltagan），蒙古語，意即「情由」，卷六作「神獨斡」，卷四十六作「奚撻罕」。博和托（bohoto），滿語，意即「駝峯」，卷六作「闢合土」。和碩（hošo），滿語，意即「隅」，卷六作「鶻沙」，卷十三作「胡沙」，卷十七作「合閏」，卷六十三作「忽沙」。賽音（sain），滿語，意即「好」，卷六作「賽也」，卷八十七作「賽一」。老君努（loogiyūnnu），卷六作「老君奴」。阿瑪拉（amala），滿語，意即「後」，卷六作「阿沒剌」。

欽定金史語解卷十

人名

[illegible] [illegible]

齊勤 河沿也卷七作七斤

[illegible] 阿[illegible]

阿古爾 蒙古語氣也卷七作阿忽里卷六十七作阿活里併改

[illegible] [illegible]

噶達爾 蒙古語表裏之表也卷七作斡特剌

十二、《欽定金史語解》人名（三）

《欽定金史語解・人名》滿漢對照表

順次	滿　語	漢　字	羅馬拼音	詞　義
1	ᠴᡳᡴᡳᠨ	齊　勤	cikin	河沿
2	ᠠᡤᡡᡵ	阿古爾	agūr	蒙古語，氣
3	ᡤᠠᡩᠠᡵ	噶達爾	gadar	蒙古語，表
4	ᠶᠣᠣᠵᡠ	耀　珠	yooju	
5	ᡩᡝᡩᡠᠨ	德　敦	dedun	站
6	ᡶᡝᠨᡳᠶᡝᠨ	佛　寧	feniyen	羣
7	ᠪᠣᡳᡥᠣᠨ	貝　歡	boihon	土
8	ᠮᠣᡩᠣ	摩　多	modo	遲鈍
9	ᠰᠣᠨᠵᠣ	算　卓	sonjo	選拔
10	ᡨᠣᡤᠣᠰ	托果斯	togos	蒙古語，孔雀

順次	滿　語	漢　字	羅馬拼音	詞　義
11	ᠪᠣᠯᠵᠣᠨ	博勒準	boljon	浪
12	ᠰᡝᠰᡝ	色色	sese	金線
13	ᡶᡠᠰᡝᠯᡳ	富色里	fuseli	鯖魚
14	ᡧᠠᠩᡥᠣ	尚和	šangho	蒙古語，髻
15	ᠰᠠᠯᡳᡤᠠᠨ ᡨᠣᠣᠰᡝ	薩里罕 托色	saligan toose	主張權
16	ᠴᡳᡨᡴᡠᡵ ᠠᠯᠮᠠᠰ	齊特庫爾阿勒瑪斯	citkur almas	蒙古語，鬼怪
17	ᡶᡠᠯᠠᡨᠠ	富拉塔	fulata	爛眼邊
18	ᡤᡳᠩᡤᡳᠶᠠᠨᡠ	錦嘉努	gingiyanu	
19	ᡝᡵᡴᡝ	額爾克	erke	蒙古語，權

順次	滿　語	漢　字	羅馬拼音	詞　義
20		瑪達格	madage	愛惜小兒之辭
21		珠爾蘇	jursu	雙層
22		呼喇	hūra	蒙古語，雨
23		扎克丹	jakdan	松
24		薩布	sabu	鞋
25		羅和	loho	腰刀
26		阿索美	asomui	蒙古語，問
27		伊里哈	iliha	立
28		巴達爾呼	badarahū	蒙古語，推廣
29		呼實罕	hūsihan	女裙
30		阿咾罕	aroohan	蒙古語，差勝

順次	滿　語	漢　字	羅馬拼音	詞　義
31	ᡩᠠᠴᡠᠨ ᡝᠵᡝ	達　春 額　哲	dacun eje	敏捷記
32	ᠵᡳᠯ	濟　勒	jil	蒙古語，年
33	ᠴᡳᠨᠣ	齊　諾	cino	蒙古語，狼
34	ᡠᡩᠠᡤᠠ	烏達噶	udaga	蒙古語，次數
35	ᠠᠨᡨᡠ	安　圖	antu	山陽
36	ᠪᠠᡵᠰ ᠵᠠᠩ	巴爾斯 章	bars jang	蒙古語，虎性情
37	ᡥᠠᡩᠠ	哈　達	hada	山峯
38	ᡤᡡᠰᡳᠨ	古　新	gūsin	三十
39	ᠰᡳᡵᡤᡝ	錫爾格	sirge	絲
40	ᠮᠠᠨᡩᡠ	滿　都	mandu	漸強壯
41	ᡥᠠᡧᠠᠩ	哈　尚	hašang	蒙古語，遲鈍

順次	滿　語	漢　字	羅馬拼音	詞　義
42	ᡩᠠᡥᡳᠪᡠ	達希布	dahibu	令復
43	ᡨᠣᠰᠣ	托　索	toso	逆料
44	ᠰᡳᠵᡳᠨ	錫　津	sijin	釣線
45	ᡤᡠᠸᠠᡳᠨᠨᡠ	觀音努	guwainnu	
46	ᠨᡡᠰᡝᡵ	努色爾	nūser	蒙古語，身笨
47	ᠯᡳᠣᡤᡳᠶᠠ	瑠　嘉	liogiya	
48	ᠠᠯᡳᡥᠠ	阿里哈	aliha	承受
49	ᠶᠠᠩᠵᡠ	楊　珠	yangju	蒙古語，儀表
50	ᡠᡤᡳᠨ	烏　錦	ugin	
51	ᡥᡳᠶᠠᠨᡧᡝᠩᠨᡠ	賢聖努	hiyanšengnu	
52	ᡶᡝᠵᡠ	佛　珠	feju	

順次	滿　語	漢　字	羅馬拼音	詞　義
53		鄂　屯	oton	整木 槽盆
54		奇　珠	kiju	
55		邁　格	maige	
56		布埒庫	buleku	鏡
57		萬　努	wannu	
58		綳　森	bengsen	才幹
59		青伊克	cing ike	蒙古語， 誠大
60		阿里巴斯	alibas	蒙古語， 凡眾
61		佛　新	fesin	柄
62		巴噶罕	bagahan	蒙古語， 微小
63		雅　爾	yar	唐古特語， 上
64		博　索	boso	山陰

順次	滿　語	漢　字	羅馬拼音	詞　義
65	ᡠᠶᠠᠨ	烏延	uyan	軟
66	ᠠᠴᠠᠨ	阿禪	acan	合
67	ᠴᡳᠶᠠᠨᡤᡳᠶᠠᠨᡠ	遷嘉努	ciyangiyanu	
68	ᠨᠣᡵᠪᡠ	諾爾布	norbu	唐古特語，財
69	ᠶᡠᠸᠠᠨᠨᡠ	元努	yuwannu	
70	ᠮᡝᡵᡝ	默哷	mere	蕎麥
71	ᡧᠠᠨᠶᠠᠨ	珊延	šanyan	白色
72	ᡩᡠᠩ ᡝᠯ	楝爾	dung el	
73	ᠴᡝᠣᠨᡠ	酬努	ceonu	
74	ᡝᠨᠴᡠ	恩楚	encu	異
75	ᡳᠯᡝᠴᡳ	伊埒齊	ileci	蒙古語，明顯
76	ᠴᡝᠣᠯ	酬爾	ceol	

順次	滿 語	漢 字	羅馬拼音	詞 義
77	ᡤᡳᠣᠵᡠ	玖 珠	gioju	
78	ᠰᡠᡵᡝ	蘇 哷	sure	聰明
79	ᡨᡝᠯᡳᠶᡝ	特 烈	teliye	蒸
80	ᡠᡩᡝᠨ	烏 登	uden	中伙處
81	ᠠᠨᠴᡠᠨ	安 春	ancun	耳墜
82	ᡩᠣᡵᠣᠩᡤᠣ	多隆烏	doronggo	有禮
83	ᡤᠣᡤᡳᠶᠠᠨᡠ	果嘉努	g’ogiyanu	
84	ᠯᡳᠣᡤᡝ	瑠 格	lioge	
85	ᡥᡡᡨᡠᡴ ᠮᡠᠨ	呼 圖 克 們	hūtuk mun	蒙古語，福是
86	ᠰᡠᡵᡨᠠᠨ	蘇爾坦	surtan	蒙古語，有威
87	ᠨᡝᡳᡥᡝ	内 赫	neihe	已開

順次	滿　語	漢　字	羅馬拼音	詞　義
88	[illegible]	烏遜	usun	蒙古語，水
89	[illegible]	卓拉布	joolabu	交代
90	[illegible]	伯嘉	begiya	
91	[illegible]	洋格	yangge	
92	[illegible]	沃哩	weri	留
93	[illegible]	道格	dooge	
94	[illegible]	特爾格	terge	蒙古語，車
95	[illegible]	伊埒圖	iletu	明顯
96	[illegible]	雅爾堅	yargiyan	實
97	[illegible]	吉遜	gisun	枹
98	[illegible]	和勒端	holdon	果松
99	[illegible]	約赫德	yoo hede	瘡疤

順次	滿　語	漢　字	羅馬拼音	詞　義
100		巴古拉	bagula	梵語，尊者
101		格綳額	gebungge	有名
102		阿　敦	adun	牧羣
103		必　喇	bira	河
104		皦　珠	giyooju	
105		專　努	juwannu	
106		蘇卜實	subsi	瑣屑
107		奇　嚕	kiru	小旗
108		穆呼哩	muhūri	禿尖
109		恩徹亨	encehen	力量
110		肆嘉努	sygiyanu	

順次	滿　語	漢　字	羅馬拼音	詞　義
111	ᡶᡠᠰᡝᠨ	富　森	fusen	孳生
112	ᠰᡳᠯᡠᠨ	實　倫	silun	猞猁猻
113	ᠸᡝᡵᡳᠪᡠ	沃哩布	weribu	令留
114	ᠸᠠᠩᡤᡳᠶᠠᠨᡠ	王嘉努	wanggiyanu	
115	ᡤᡡᡵᡤᡳᠨ	古爾錦	gūrgin	火焰
116	ᠮᠠᡳᠵᡠ	邁　珠	maiju	
117	ᠨᡳᠣᠯᡥᡠᠨ	紐勒琿	niolhun	上元後一日
118	ᡤᠣᠣᠯ	果　勒	gool	蒙古語，河
119	ᡠᡤᡝ	烏　格	uge	蒙古語，言
120	ᠯᡠᡤᡝ	祿　格	luge	
121	ᠴᡝᠨᠯ	辰　爾	cenl	
122	ᡧᠠᠨᠯ	善　爾	šanl	

順次	滿　語	漢　字	羅馬拼音	詞　義
123	ᠨᡝᠮᡧᡝᠪᡠ	訥木舍布	nemšebu	爭添
124	ᡧᠠᡥᡡᠨ	沙琿	šahūn	辛
125	ᡩᠠᡥᠠ	達哈	daha	已管
126	ᡝᡵᡳᠨ	額琳	erin	時
127	ᡠᠶᡝ	烏頁	uye	蒙古語，世代
128	ᠪᠠᠶᠠᠨ ᠰᡳᡵᠠ	巴延實喇	bayan sira	蒙古語，富黃色
129	ᠠᠯᠴᡠᡵ	阿勒楚爾	alcur	蒙古語，手帕
130	ᠰᠠᡵᠠᠨ	薩蘭	saran	蒙古語，月
131	ᠵᡠᠩᡤᡳᠶᠠᠨᡠ	重嘉努	junggiyanu	
132	ᠮᡝᠩᡤᡠ ᠪᡠᡥᠠ	蒙古布哈	menggu buha	蒙古語，銀牤牛

順次	滿　語	漢　字	羅馬拼音	詞　義
133	ᠪᡠᡥᠠ	布哈	buha	蒙古語，牤牛
134	ᠨᠠᡳᡵ	鼐爾	nair	蒙古語，和氣
135	ᡤᡳᠶᠠᠯᠸᠠ	嘉勒斡	giyalwa	唐古特語，勝
136	ᡠᠰᡳᠨ	烏新	usin	田
137	ᡥᠠᠮᠠᡵ	哈瑪爾	hamar	蒙古語，行圍前引人
138	ᠻᠠᠮᠪᡠ	堪布	k’ambu	唐古特語，主持
139	ᠰᠠᠮ	薩木	sam	唐古特語，心
140	ᠪᠠᠨᠵᡠᡵ	班珠爾	banjur	唐古特語，眾善相聚
141	ᡤᡠᡴᡳᠣᡳᠮᡝᠨ	古渠們	gukioimen	
142	ᠰᠣᠨᠴᠣᡥᠣ	算綽和	soncoho	髮辮
143	ᠴᠣᠣᡵ	綽爾	coor	蒙古語，笳

順次	滿　語	漢　字	羅馬拼音	詞　義
144	[illegible]	瑠　珠	lioju	
145	[illegible]	扎　雅 呼　嚕	jaya huru	樺皮船 手背

資料來源：《欽定四庫全書》，「史部」，《欽定金史語解》，卷十。

表中所列人名類名稱，共計一四五個，以滿洲語為本，並列漢字。除滿洲語外，還含有頗多源自蒙古語、唐古特語的人名類名稱。表中齊勤（cikin），滿語，意即「河沿」、「河涯」，卷七作「七斤」。阿古爾（agūr），蒙古語，意即「氣」，卷七作「阿忽里」，卷六十七作「阿活里」。噶達爾（gadar），蒙古語，意即「表裏之表」，卷七作「斡特剌」。耀珠（yooju），卷七作「咬住」。德敦（dedun），滿語，意即「站」、「宿處」，卷七作「大洞」。佛寧（feniyen），滿語，意即「羣」，卷七作「蒲涅」。貝歡（boihon），滿語，意即「土」，卷七作「孛古」。摩多（modo），滿語，意即「遲鈍」，卷七作「毛得」，卷十七作「沒忒」，卷一二九作「沒答」。算卓（sonjo），滿語，意即「選拔」，卷七作「山住」，卷五十九作「撒祝」，卷一一三作「善住」。

托果斯（togos），蒙古語，意即「孔雀」，卷七作「覩古速」，卷四十四作「迪古速」。博勒準（boljon），滿語，意即「浪」，卷七作「孛論出」。色色（sese），滿語，意即「金線」，卷七作「舍厮」。富色里（fuseli），滿語，意即「鯖魚」，卷七作「蒲速列」，卷八十四作「蒲速賚」，卷九十五作「蒲速烈」。尚和（šangho），蒙古語，意即「髻」，卷七作「詳古」。薩里罕托色（saligan toose），滿語，「薩里罕」，意即「主張」，「托色」，意即「權」，卷七作「撒里雅寅特斯」。齊特庫爾阿勒瑪斯（citkur almas），蒙古語，意即「鬼怪」，卷七作「體土胡魯雅里密斯」。富拉塔（fulata），滿語，意即「爛眼邊」，卷七作「蒲剌睹」，卷十五作「蒲剌都」，卷八十一作「蒲剌特」，卷一二四作「蒲剌篤」。錦嘉努（gingiyanu），卷七作「靳家奴」。額爾克（erke），蒙古語，意即「權」，卷七作「阿可」，卷十作「訛可」。瑪達格（madage），滿語，意即「愛惜小兒之辭」，手拍脊背疼愛老人家及小孩子。珠爾蘇（jursu），滿語，意即「雙層」，卷八作「朮列速」，卷六十一作「述烈速」。呼喇（hūra），蒙古語，意即「雨」，卷七作「胡剌」。扎克丹（jakdan），滿語，意即「松」，卷七作「哲典」，卷四十六作「查端」。薩布（sabu），滿語，意即「鞋」，卷七作「賽補」，卷十四作「賽不」，卷六十七作「斜鉢」。羅和（loho），滿語，意即「腰刀」，卷七作「老忽」，卷七十三作「落虎」。阿索美（asomui），蒙古語，意即「問」，卷八作「阿思懣」。伊里哈（iliha），滿語，意即「立」，卷八作「移里罕」。

巴達爾呼（badarahū），蒙古語，意即「推廣」，卷八作「把德固」。呼實罕（hūsihan），滿語，意即「女裙」，卷八作「胡失海」。阿嚕罕（aroohan），蒙古語，意即「差勝」、「才智過人」，卷八作「阿魯罕」。達春額哲（dacun eje），滿語，「達春」，意即「敏捷」，「額哲」，意即「記」，卷八作「大雛訛只」。濟勒（jil），蒙古語，意即「年」，卷八作「進兒」。齊諾（cino），蒙古語，意即「狼」，卷八作「乞奴」，卷一一五作「賤奴」。烏達噶（udaga），蒙古語，意即「次數」，卷八作「烏底」。安圖（antu），滿語，意即「山陽」，卷八作「阿土」，卷六十三作「安特」，卷六十八作「安團」。巴爾斯章（bars jang），蒙古語，「巴爾斯」，意即「虎」，「章」，意即「性情」，卷九作「把思忠」。哈達（hada），滿語，意即「山峯」，卷九作「合達」，卷十三作「合打」，卷十八作「合答」，卷七十二作「合達雅」，卷八十八作「曷答」，卷九十九作「合沓」。古新（gūsin），滿語，意即「三十」，卷十作「谷神」，卷一一六作「拐山」。錫爾格（sirge），滿語，意即「絲」，卷十作「實理哥」，卷十四作「石里哥」。滿都（mandu），滿語，意即「漸強壯」，卷十作「蠻都」，卷一三二作「漫獨」。哈尚（hašang），蒙古語，意即「遲鈍」，卷十作「胡上」。達希布（dahibu），滿語，意即「令復」，卷十作「達吉不」，卷六十七作「達吉保」，又作「達及保」，卷八十二作「達吉補」，卷一一二作「答吉卜」。托索（toso），滿語，意即「逆料」，卷十作「陁鎖」。錫津（sijin），滿語，意即「釣線」，卷十一作「西京」。觀音努（guwainnu），卷十一作「觀音奴」，以佛號為名。

努色爾（nūser），蒙古語，意即「身笨」，卷十二作「女奚列」，卷十五作「奴失剌」，卷一二八作「南撒里」。瑠嘉（liogiya），卷十二作「劉家」，卷十四作「留家」。阿里哈（aliha），滿語，意即「承受」，卷十二作「阿里根」，卷十六作「阿里合」。楊珠（yangju），蒙古語，意即「儀表」，卷十二作「兗州」，卷一二九作「遙折」。烏錦（ugin），卷十二作「五斤」。賢聖努（hiyanšengnu），卷十二作「聖賢奴」。佛珠（feju），卷十二作「佛住」。鄂屯（oton），滿語，意即「整木槽盆」，卷十二作「兀屯」。奇珠（kiju），卷十二作「乞住」。邁格（maige），卷十二作「買哥」。布埒庫（buleku），滿語，意即「鏡」，卷十二作「蒲烈古」。萬努（wannu），卷十二作「萬奴」。綳森（bengsen），滿語，意即「才幹」，卷十二作「卞僧」。青伊克（cing ike），蒙古語，「青」，意即「誠」，「伊克」，意即「大」，卷十二作「青宜可」。

阿里巴斯（alibas），蒙古語，意即「凡眾」，卷十二作「阿里不孫」。佛新（fesin），滿語，意即「柄」、「把子」，卷十二作「法心」。巴噶罕（bagahan），蒙古語，意即「微小」，卷十二作「把回海」。雅爾（yar），唐古特語，意即「上」，卷十二作「押剌」。博索（boso），滿語，意即「山陰」，卷十二作「孛孫」，又作「白撒」，卷五十九作「婆剌」。烏延（uyan），滿語，意即「軟」、「稀」，卷十二作「畏也」，卷六十五作「五鴉忍」。阿禪（acan），滿語，意即「合」，卷十三作「按陳」，卷五十九作「按辰」。遷嘉努（ciyangiyanu），卷十三作「千家奴」。諾爾布（norbu），唐古特語，意即

「財」，卷十三作「奴婢」。元努（yuwannu），卷十三作「元奴」。默哷（mere），滿語，意即「蕎麥」，卷十三作「沒撚」，卷十四作「沒烈」。珊延（šanyan），滿語，意即「白色」，卷十三作「鄯陽」。楝爾（dung el），卷十三作「冬兒」。醎努（ceonu），卷十三作「醜奴」。恩楚（encu），滿語，意即「異」，卷十三作「訛出」，卷一二二作「斡出」。

伊埒齊（ileci），蒙古語，意即「明顯」，卷十四作「乙里只」。醎爾（ceol），卷十四作「醜兒」。玖珠（gioju），卷十四作「九住」。蘇哷（sure），滿語，意即「聰明」，卷十四作「素蘭」。特烈（teliye），滿語，意即「蒸」，卷十四作「忒隣」。烏登（uden），滿語，意即「中伙處」，卷十四作「吾典」，卷十七作「兀典」，卷一〇二作「吾丁」，卷一〇四作「吾迭」，卷一二三作「兀迪」。安春（ancun），滿語，意即「耳墜」，卷十四作「按春」，卷九十九作「按出」。多隆烏（doronggo），滿語，意即「有禮」，卷十四作「都令孤」。果嘉努（g'ogiyanu），卷十四作「國家奴」。瑠格（lioge），卷十四作「留哥」。呼圖克們（hūtuk mun），蒙古語，「呼圖克」，意即「福」，「們」，意即「是」，卷十四作「胡土門」。蘇爾坦（surtan），蒙古語，意即「有威」，卷十四作「從坦」。內赫（neihe），滿語，意即「已開」，卷十四作「南合」。烏遜（usun），蒙古語，意即「水」，卷十四作「頑僧」，卷八十五作「萬僧」。卓拉布（joolabu），滿語，意即「交代」，卷十四作「周剌阿不」，卷一三五作「治剌保」。伯嘉（begiya），卷十四作「百家」。洋格（yangge），卷十四作「羊哥」，卷一三三作「揚葛」。沃哩（weri），滿語，意即「留」，卷十四作「斡烈」。道格（dooge），卷十四作「道哥」。特爾格（terge），蒙古語，意即「車」，卷十五作「鐵哥」。伊埒圖（iletu），滿語，意即「明顯」，卷十五作「移剌都」，又作「移剌答」。雅爾堅（yargiyan），滿語，意即「實」，卷十五作「燕京」。吉遜（gisun），滿語，意即「枹」、「鼓椎」，卷十五作「記僧」，卷六十七作「舊賊」。和勒端（holdon），滿語，意即「果松」，卷十五作「桓端」，卷六十六作「喚端」，卷八十一作「活里疃」，卷一二〇作「斛魯短」。約赫德（yoo hede），滿語，意即「瘡疤」，卷十五作「牙吾塔」，梵語作"ārya"係通稱，異。

巴古拉（bagula），梵語，意即「巴古拉尊者」，佛陀授記十六尊者之一，語解作「尊者」，梵語作"ārya"係通稱，異，卷十五作「把胡魯」，卷六十七作「保骨臘」，卷八十作「孛古剌」。格綳額（gebungge），滿語，意即「有名」，卷十五作「哥不靄」，卷十七作「葛不靄」。阿敦（adun），滿語，意即「牧羣」，卷十五作「按敦」，卷一一七作「阿督」。必喇（bira），滿語，意即「河」，卷十五作「必蘭」。皦珠（giyooju），卷十五作「繳住」。專努（juwannu），卷十五作「轉奴」。蘇卜實（subsi），滿語，意即「瑣屑」，卷十五作「梭失」。奇嚕（kiru），滿語，意即「小旗」，卷十五作「瘸驢」。穆呼哩（muhūri），滿語，意即「禿尖」，卷十五作「木華里」。恩徹亨（encehen），滿語，意即「力量」，「才能」、「才幹」、「能幹」，卷十五作「訛出虎」。肆嘉努（sygiyanu），卷十五作「寺家奴」。富森（fusen），滿語，意即「孳生」，卷十五作「福僧」。實倫（silun），滿語，意即「猞猁猻」，卷十五作「石倫」。沃哩布（weribu），滿語，意即「令留」，卷十五作「五里不」。王嘉努（wanggiyanu），卷十五作「王家奴」。古爾錦（gūrgin），滿語，意即「火焰」，卷十五作「古里間」。邁珠（maiju），卷十五作「買住」。紐勒琿（niolhun），滿語，意即「上元後一日」，卷十五作「女魯歡」。

果勒（gool），蒙古語，意即「河」，卷十五作「狗兒」。烏格（uge），蒙古語，意即「言」，卷十五作「窊哥」，卷六十作「五哥」。祿格（luge），卷十五作「六哥」。辰爾（cenl），卷十六作「陳兒」。善爾（šanl），卷十六作「山兒」。訥木舍布（nemšebu），滿語，意即「爭添」、「爭多」，卷十六作「奴失不」。沙琿（šahūn），滿語，意即「辛」、「淡白」，卷十六作「石虎」。達哈（daha），滿語，意即「已管」，卷十六作「達阿」。額琳（erin），滿語，意即「時」，卷十六作「訛論」。烏頁（uye），蒙古語，意即「世代」，卷十六作「兀也」，卷八十三作「烏野」，卷一一八作「兀顏」。巴延實喇（bayan sira），蒙古語，「巴延」，意即「富」，「實喇」，意即「黃色」，卷十六作「把移失剌」。阿勒楚爾（alcur），蒙古語，意即「手帕」，卷十六作「按察兒」，卷一一七作「阿朮魯」。薩蘭（saran），蒙古語，意即「月」，卷十六作「三郎」。重嘉努（junggiyanu），卷十六作「眾家奴」。蒙古布哈（menggu buha），蒙古語，「蒙古」，意即「銀」，「布哈」，意即「牤牛」，卷十六作「蒙古蒲花」，卷一二四作「萌古不花」。布哈（buha），蒙古語，意即「牤牛」，卷十六作「蒲阿」。

鼐爾（nair），蒙古語，意即「和氣」，卷十六作「乃刺」。嘉勒斡（giyalwa），唐古特語，意即「勝」，卷十六作「籍阿外」。烏新（usin），滿語，意即「田」，卷十六作「畏忻」，卷十七作「尉忻」，卷六十七作「斡善」。哈瑪爾（hamar），蒙古語，意即「行圍前引人」，卷十六作「蝦蟖」。堪布（k'ambu），唐古特語，意即「主持」、「住持」，卷十六作「看逋」。薩木（sam），唐古特語，意即「心」，卷十六作「斯沒」。班珠爾（banjur），唐古特語，意即「富饒」，語解作「眾善相聚」，異，卷十六作「奔鞠」。古渠們（gukioimen），卷十六作「骨鞠門」。算綽和（soncoho），滿語，意即「髮辮」，卷十六作「剉只罕」。綽爾（coor），蒙古語，意即「笳」，卷十六作「春兒」，卷一二二作「曹兒」。瑠珠（lioju），卷十六作「留住」。扎雅呼嚕（jaya huru），滿語，「扎雅」，意即「樺皮船」，「呼嚕」，意即「手背」，卷十六作「扎也胡魯」。

欽定金史語解卷十一

人名

瑪納補 瑪阿納南補烏

瑪納布 滿洲語懷也卷十六作木納阿

察罕 察阿罕安

察罕 蒙古語白色也 卷十七作長河

瑪阿哈阿鴉阿納阿

瑪哈雅納 梵語大乘也卷十七作毛花輦

十三、《欽定金史語解》人名（四）

《欽定金史語解・人名》滿漢對照表

順次	滿　語	漢　字	羅馬拼音	詞　義
1	ᠮᠠᠨᠠᠪᡠ	瑪納布	manabu	令敝壞
2	ᠴᠠᡤᠠᠨ	察罕	cagan	蒙古語，白色
3	ᠮᠠᡥᠠᠶᠠᠨᠠ	瑪哈雅納	mahayana	梵語，大乘
4	ᡧᡳᡤᡝ	實格	šige	
5	ᠠᡳᠰᡳᠨ	愛新	aisin	金
6	ᡥᠠᠵᠣᠣ	哈昭	hajoo	蒙古語，旁邊
7	ᡴᡳᠩᡧᠠᠨᠨᡠ	慶善努	kingšannu	
8	ᠮᠠᠩᡤᡳᠰᡠ	莽伊蘇	manggisu	蒙古語，獾
9	ᠪᡠᡵᡠᠯᡠ	布嚕魯	burulu	紅沙馬

順次	滿　語	漢　字	羅馬拼音	詞　義
10	ᠶᠣᠣᠯ	耀　爾	yool	
11	ᠨᠠᠰᡳᠨ	納　新	nasin	馬熊
12	ᠪᠠᡵᠮᠠ	巴爾瑪	barma	蒙古語，孱弱可憫
13	ᠰᠠᠨᡳᠶᠠᠪᡠ	薩　尼 雅　布	saniyabu	令舒展
14	ᡩᡝᡥᡳ	德　希	dehi	四十
15	ᡶᡝᠩᡧᡝᠨ	豐　紳	fengšen	福祉
16	ᠯᠠᡤᡝ	拉　格	lage	
17	ᡶᡠᠨᡳᠶᡝᠰᡠᠨ	富聶遜	funiyesun	褐
18	ᠵᡠᠩᠰᡝᠩᠨᡠ	重僧努	jungsengnu	
19	ᠵᡠᡥᡝ	珠　赫	juhe	冰
20	ᡤᡠᠸᠠᠨᠨᡠ	官　努	guwannu	

順次	滿　語	漢　字	羅馬拼音	詞　義
21	ᠵᡠᡵ	珠　爾	jur	蒙古語，麞子
22	ᡝᠯᡝᠴᡠᠨ	額埒春	elecun	足
23	ᠰᡟᡥᡳ	肆　喜	syhi	
24	ᡥᡡᡨᡠᡵᡳ	呼圖哩	hūturi	福
25	ᠵᠠᠩᡤᡳᠶᡡᠨᠨᡠ	漳軍努	janggiyūnnu	
26	ᡝᠰᡳ	額　實	esi	蒙古語，干
27	ᠰᡠᠪᡠᡨ	蘇布特	subut	蒙古語，珍珠
28	ᡨᠠᡴᠰᡳᠪᡠ	塔克實布	taksibu	令存
29	ᠨᡳᠩᡤᡠ	寧　古	ninggu	上
30	ᠣᠨᠴᠣ	温　綽	onco	寬
31	ᡶᡠᡤᡝ	富　格	fuge	

順次	滿　語	漢　字	羅馬拼音	詞　義
32	ᡠᠵᠠᠨ	烏　展	ujan	田邊
33	ᠪᠠᡵ	巴　爾	bar	蒙古語，虎
34	ᡩᠠᠩᡤᡝ	當　格	dangge	
35	ᠴᠠᠰᡠᠨ	察　遜	casun	蒙古語，雪
36	ᡳᠰᡳᠯᠠ	伊實拉	isila	唐古特語，智慧神
37	ᡤᡳᠩᠰᡳ	經　實	gingsi	呻吟
38	ᠠᠨᡶᡠᡤᡝ	安福格	anfuge	
39	ᠨᡳᠶᡝᡥᡝ	聶　赫	niyehe	鴨
40	ᠵᠠᠩᡤᡳᠶᠠᠨᡠ	漳嘉努	janggiyanu	
41	ᠠᠪᠰᠠ	阿卜薩	absa	樺皮桶

順次	滿語	漢字	羅馬拼音	詞義
42	ᡨᡝᠩᡤᡝᠴᡝ	騰格徹	tenggece	蒙古語，相稱
43	ᠣᠰᡥᠣᠨ	鄂斯歡	oshon	性戾
44	ᠨᡳᡴᠠᠨ	尼堪	nikan	漢人
45	ᠸᠠᠯᡳᠶᠠᠪᡠ	斡里雅布	waliyabu	令棄
46	ᡠᡵᡤᡡ	烏爾古	urgū	蒙古語，孳生
47	ᠰᡳᠰᡳ	實實	sisi	榛子
48	ᠰᡠᠯᡴᡠ	蘇勒庫	sulku	花架
49	ᠴᡠᡥᡡ	楚呼	cuhū	蒙古語，純色
50	ᡝᠰᡝᠨ ᠪᠣᠣᠯ	額森博勒	esen bool	蒙古語，早安奴才
51	ᡨᠠᡳᠪᡠ	台布	taibu	柁

順次	滿　語	漢　字	羅馬拼音	詞　義
52	ᠠᡳᡥᡡ	愛　呼	aihū	母貂鼠
53	ᠪᡝᡤᡳᠩᠨᡠ	北 京 努	begingnu	
54	ᠶᠠᡤᡝ	雅　格	yage	
55	ᡤᡡᠨᠠ	固　納	gūna	三歲牛
56	ᠰᡳᡩᡝᠨ	實　登	siden	公
57	ᠠᡵ ᡨᠣᡥᠣᠨ	阿　爾 托　歡	ar tohon	蒙古語， 花紋釜
58	ᠰᠣᡥᠣᠨ	索　歡	sohon	淡黃色
59	ᠴᡝᠩᡤᡝᠯ	成 格 勒	cenggel	蒙古語， 樂
60	ᠯᡠᠣ	婁	luo	蒙古語， 龍
61	ᠪᡠᠰᡝ	布　色	buse	蒙古語， 帶子

順次	滿　語	漢　字	羅馬拼音	詞　義
62	ᡳᠯᡳᠪᡠ	伊里布	ilibu	令立
63	ᠣᠯᠪᠠ	鄂勒巴	olba	蒙古語，已得
64	ᠰᡳᠪᠴᠠ	錫卜察	sibca	裁汰
65	ᡤᡳᠣᡧᡝᠩᠨᡠ	玖勝努	giošengnu	
66	ᠰᡳᡥᡝᡨᡝ	錫赫特	sihete	毛鬃稀短
67	ᠰᡳᡵᡳᠪᡠ	錫哩布	siribu	令擠
68	ᠪᡝᠯᡥᡝ	伯勒赫	belhe	預備
69	ᠣᡨ ᡯᠠᠩᠪᡠ	鄂特　藏布	ot dzangbu	唐古特語，好光
70	ᡨᡠᡴᡠ	圖庫	tuku	表
71	ᡮᠠᠸᠠ	擦斡	ts'awa	唐古特語，熱

順次	滿語	漢字	羅馬拼音	詞義
72	ᠸᠠᠯᡳᠶᠠ	斡里雅	waliya	棄
73	ᠵᠠᠪᠠᡨᠠᡳ	扎巴台	jabatai	蒙古語，山谷處
74	ᡥᡝᠰᡝᠪᡠᠨ	赫色本	hesebun	命
75	ᠮᠠᠨᡩᡠᠪᡠ	滿都布	mandubu	令長
76	ᠮᡝᠨᡩᡠ	們都	mendu	蒙古語，好
77	ᡳᡵᡝᠨᡝ	伊哷訥	irene	蒙古語，來
78	ᡳᡴᡝ	伊克	ike	蒙古語，大
79	ᡥᡡᠮᡳ	呼密	hūmi	蒙古語，包
80	ᠨᡝᡤᡠᡴᡠ	訥古庫	neguku	蒙古語，遷移
81	ᡶᡠᡵᡩᠠᠨ	富爾丹	furdan	關
82	ᡶᡠᡩᡝ	富德	fude	令送

順次	滿　語	漢　字	羅馬拼音	詞　義
83	ᠶᡠᠮᡦᡳ	雲　闢	yumpi	浸潤
84	ᠠᠨᡨᠠᡥᠠ	安塔哈	antaha	客
85	ᠴᡝᠵᡝᠨ	徹　珍	cejen	胸
86	ᡦᠠᡴᠪᠠ	帕克巴	pakba	唐古特語，聖
87	ᡝᠪᡠᠯ	額布勒	ebul	蒙古語，冬
88	ᡠᠵᡠ	烏　珠	uju	頭
89	ᡝᠯᡠ	額　魯	elu	葱
90	ᡥᠠᠪᡳᠰᡠ	哈必蘇	habisu	蒙古語，肋
91	ᠰᠠᠯᡠ	薩　魯	salu	鬚
92	ᠠᡤᡡᡵᠠ	阿古喇	agūra	器械
93	ᡤᠣᠰᡳ	果　實	gosi	疼愛

順次	滿語	漢字	羅馬拼音	詞義
94	ᡥᠣᠯᠪᠣᠰᠠᠨ	和勒博繖	holbosan	蒙古語，連絡
95	ᡥᡳᡤᡝ	喜格	hige	
96	ᡝᡵᡤᡠᠨᡝ	額爾古訥	ergune	蒙古語，舉
97	ᠰᡳᡴᡡ	實庫	sikū	箭眼
98	ᡶᡠᠨᠵᡳᠮᠠ	芬濟瑪	funjima	糞蟲
99	ᠶᡝᠨᡩᡝ	音德	yende	興起
100	ᠸᡝᠴᡝᠨ	沃辰	wecen	祭
101	ᡥᠣᠰᡳ ᠮᠠᠯ	和實瑪勒	hosi mal	蒙古語，引馬牲畜
102	ᠪᠠᡨᡠ ᡩᠠᡵᡥᠠᠨ	巴圖達爾罕	batu darhan	蒙古語，堅固免差役

順次	滿 語	漢 字	羅馬拼音	詞 義
103	ᠰᡠᠪᡠᡨ ᠰᠠᡤᡡᠴᠠ	蘇布特 薩固察	subut sagūca	蒙古語， 珍珠 坐位
104	ᡥᠠᠨᠠ	哈納	hana	氈廬墻
105	ᠠᡵᠰᡠᠨ	阿爾遜	arsun	萌芽
106	ᠠᡵᠠᠰᡠ	阿喇蘇	arasu	蒙古語， 皮革
107	ᡧᠠᠪᡳ	沙必	šabi	徒弟
108	ᡥᡡᠸᠠ ᡨᡝᠮᡝ	華特默	hūwa teme	蒙古語， 甘草黃駝
109	ᡶᡠᠰᡝᠩᡤᡝ	富僧額	fusengge	孳生
110	ᠪᠠᡴᠰᠠᠨ	巴克繖	baksan	把子
111	ᠠᡵᡶᠠ	阿爾法	arfa	油麥

順次	滿　語	漢　字	羅馬拼音	詞　義
112	ᠨᠠᠩᡤᡳᠶᠠᡨ	囊嘉特	nanggiyat	蒙古語， 漢人
113	ᡨᠣᡴᠰᠣ	托克索	tokso	屯
114	ᡧᡝᠩᡤᡝ	勝格	šengge	
115	ᠠᡩᡠᡤᡠ	阿都固	adugu	蒙古語， 牧場
116	ᠰᡝᡨᡝᡵ	色特爾	seter	蒙古語， 紬條
117	ᡳᡵᠣᠸᠠ	伊囉斡	irowa	蒙古語， 吉兆
118	ᡨᠠᠩᡤᡡᡨ	唐古特	tanggūt	西番部名
119	ᠨᠠᡳᡵᠠᡤᡡ	鼐喇古	nairagū	蒙古語， 温厚
120	ᡶᡠᠯᡠ ᡥᠣᠵᠣ	富魯 和卓	fulu hojo	有餘 美麗

順次	滿語	漢字	羅馬拼音	詞義
121	ᠨᡝᡤᡝ	訥格	nege	蒙古語，開
122	ᠰᡠᠰᡝ	蘇色	suse	草率
123	ᠰᡝᠩᡴᡠᠯᡝ	僧庫埒	sengkule	韮菜
124	ᡦᡳᠯᠠ	闢拉	pila	蒙古語，菜碟
125	ᡤᡝᡵᡝᠯ	格哷勒	gerel	蒙古語，光
126	ᠠᠪᠠ	阿巴	aba	圍
127	ᠴᠣᡵᠴᡳ	綽爾齊	corci	蒙古語，吹笳人
128	ᠰᠠᠩ ᠵᡳᠶᠠᠨ	桑戩	sang jiyan	唐古特語，好裝嚴
129	ᠰᡳᡩᡝᡥᡠᠨ	實德琿	sidehun	門栓
130	ᠵᡠᠰᡠᡴᡡ	珠蘇庫	jusukū	鉛刀

順次	滿語	漢字	羅馬拼音	詞義
131	ᡨᠣᡤᠠ	托噶	toga	蒙古語，數
132	ᠴᠣᠣ	綽	coo	鐵鍬
133	ᡨᡝᡴᠰᡳᠨ	特克新	teksin	齊整
134	ᡥᠣᡧᠣ ᠮᡠᡩᠠᠨ	和碩穆丹	hošo mudan	隅彎
135	ᠵᠠᡴᠰᠠᠨ	扎克繖	jaksan	霞
136	ᠵᡠᠨᡨᠠ	準塔	junta	獸跡
137	ᠰᡠᠯᠠᠪᡠ	蘇拉布	sulabu	留空
138	ᠰᠠᡳᠨ ᠨᠣᠶᠠᠨ	賽音諾延	sain noyan	蒙古語，好官長
139	ᡶᡠᠵᡝ	富哲	fuje	
140	ᠶᠠᡵ ᡦᠠᠨ	雅爾盤	yar pan	唐古特語，上益

順次	滿　語	漢　字	羅馬拼音	詞　義
141	ᠣᠪᠣ	鄂　博	obo	蒙古語，堆石
142	ᡥᠣᡵᡳᠪᡠ	和哩布	horibu	令圈圍
143	ᡩᡠᠪᡝᠨ	都　本	duben	終
144	ᠠᠯᡥᡡᡩᠠᠨ	阿勒呼丹	alhūdan	法則
145	ᠰᡟᠯᠨᡳᠶᠠᠨ	斯勒年	sylniyan	唐古特語，清音
146	ᠣᠯᡥᠣᠨ	鄂勒歡	olhon	乾燥
147	ᡥᠠᡳᡤᡡᠯ ᡥᠣᠨᡳᠴᡳ	海古勒 和尼齊	haigūl honici	蒙古語，後護牧羊人
148	ᡥᡠᠨᡳᠣ	呼　紐	hunio	水桶
149	ᡨᠠᡨᠠ	塔　塔	tata	拉
150	ᠰᡳᡵᠠᠪᡠ	錫喇布	sirabu	令接續

順次	滿 語	漢 字	羅馬拼音	詞 義
151	ᠰᠠᡤᡡᠴᠠ	薩固察	sagūca	蒙古語，座位
152	ᠰᠠᡴᡳᠵᡠ	薩奇珠	sakiju	蒙古語，看守
153	ᠪᡡᡤᡝ	布格	būge	蒙古語，巫
154	ᡩᡳᠶᠠᠨ	迪延	diyan	蒙古語，禪定
155	ᠠᡴᠰᡠᠮ	阿克蘇木	aksum	蒙古語，馬狷狂
156	ᡤᡠᠸᡝᠪᡠ	果布	guwebu	寬免
157	ᠪᠠᡤᠠ ᠪᡠᡵᡳᠨ	巴噶布琳	baga burin	蒙古語，小全
158	ᠵᡠᡵᡠ	珠嚕	juru	雙
159	ᡥᡡᠰᡳᡥᠠ	呼實哈	hūsiha	裹
160	ᠰᠠᠨᠠᡤᠠ	薩納噶	sanaga	蒙古語，意
161	ᠣᠮᠣ	鄂摩	omo	池

順次	滿　語	漢　字	羅馬拼音	詞　義
162	ᡠᠵᡝᠨ	烏珍	ujen	重
163	ᡴᡝᠮᡠᠨ	克們	kemun	規矩
164	ᠣᡥᠣ	鄂和	oho	腋
165	ᡶᡝ ᠮᡠᡩᠠᠨ	佛穆丹	fe mudan	舊音韻
166	ᠪᠠᡳᠴᠠ	拜察	baica	察
167	ᠪᠠᡨᠮᠠ	巴特瑪	batma	唐古特語，蓮花
168	ᡩᠠᡵᡥᡡᠸᠠᠨ	達爾歡	darhūwan	衡
169	ᠮᠣᠣ ᠰᠠᡳᠨ	茂賽音	moo sain	樹好
170	ᡨᡠᡥᠠᠨ	圖罕	tuhan	獨木橋
171	ᡠᡵᡨᡠ	烏爾圖	urtu	蒙古語，長

順次	滿語	漢字	羅馬拼音	詞義
172	ᡤᠣᡩᠣᡥᠣᠨ	果多歡	godohon	直立
173	ᡥᠣᠯᠣ	和　羅	holo	山谷
174	ᠣᠨᠴᠣᡥᠣᠨ	温綽歡	oncohon	仰面
175	ᡥᠣᡵᠣᡴᡳ	和囉奇	horoki	老蒼
176	ᡥᠠᡳᡥᠠᠨ	海　罕	haihan	沿條
177	ᠸᠠᠨᡨᠠᡥᠠ	完塔哈	wantaha	杉木
178	ᡠᡩᡠᠸᡝᠨ	烏都温	uduwen	公貔
179	ᠠᡤᡡᠴᡳ	阿固齊	agūci	蒙古語，寬敞
180	ᠪᡝᡨᡥᡝ	伯特赫	bethe	足
181	ᠪᠣᡩᠣᡥᠣ	博多和	bodoho	算計

順次	滿語	漢字	羅馬拼音	詞義
182	ᠵᡳᠰᡝ	濟色	jise	底稿
183	ᠪᡠᡤᡝᠰᡠ	布格蘇	bugesu	蒙古語，蝨
184	ᠵᡠᡩᡠᠨ	珠敦	judun	高岡
185	ᠰᡠᡵᡤᠠᠯ	蘇爾噶勒	surgal	蒙古語，教
186	ᡝᠨᠴᡠ ᡥᡡᠸᠠᡧᠠᠨ	恩楚華善	encu hūwašan	異和尚
187	ᡴᡝᡵᠰᡝᠨ	克爾森	kersen	羊胸岔帶皮肉
188	ᠠᠨᠵᠠ	安扎	anja	犂
189	ᠰᠠᡨᠠ	薩塔	sata	松針
190	ᠠᠯᡨᠠᠨ	阿勒坦	altan	蒙古語，金
191	ᡵᠠᠪᡩᠠᠨ	喇卜丹	rabdan	唐古特語，堅固

順次	滿　語	漢　字	羅馬拼音	詞　義
192	ᠰᡳᠯᡳᠨ	錫　林	silin	精銳
193	ᠯᠠᠪᠠᡵᡳ	拉 巴 哩	labari	拉叭
194	ᠪᠣᡴᡧᠣᠨ	博 克 順	bokšon	胸尖骨
195	ᡥᠣᠨᡨᠣᡥᠣ	歡 托 和	hontoho	半
196	ᠰᡠᡩᡠ	蘇　都	sudu	接膝骨
197	ᡥᠣᡵᠣᡥᠠᡳ	和 囉 海	horohai	蒙古語，蟲
198	ᠠᠯᡩᠠ	阿 勒 達	alda	蒙古語，一庹
199	ᠶᠣᠣᡥᠠᠨ	約　罕	yoohan	綿子
200	ᡨᡠᡧᠠᠨ	圖　善	tušan	職任
201	ᡨᡠᠩᡤᡠ	通　古	tunggu	淵
202	ᡨᡝᠨᡝᡴ	特 訥 克	tenek	蒙古語，愚

順次	滿　語	漢　字	羅馬拼音	詞　義
203	ᠸᠠᡥᡡᠨ	斡　琿	wahūn	臭
204	ᡝᡵᡤᡠᠸᡝᠨ	額爾袞	erguwen	紀
205	ᡧᡳᡤᡳᠶᠠᠨᡠ	實嘉努	šigiyanu	
206	ᡬᠠᠣᡧᠠᠨᠨᡠ	皐善努	g'aošannu	
207	ᠪᡠᠯᡨᡠ	布勒圖	bultu	蒙古語， 全
208	ᠮᡠᡵᡠᠩᡤᠠ	穆隆阿	murungga	髣髴
209	ᠵᠠᠩᡤᡝ	濟　格	jangge	
210	ᡧᡠᠸᡝ ᡥᠣᠵᠣ	碩和卓	šuwe hojo	直達 美麗
211	ᡥᡡᡨᡠᡴ	呼圖克	hūtuk	蒙古語， 福

順次	滿語	漢字	羅馬拼音	詞義
212	ᠣᠯᠠᠨ ᡧᠠᠵᡳᠨ	鄂蘭 沙津	olan šajin	蒙古語，多教
213	ᡝᠨᡧᡝᠩᠨᡠ	恩勝努	enšengnu	
214	ᡳᠰᡳᠪᡠ	伊實布	isibu	令至
215	ᠰᠠᡤᠠᡵᠮᠠᡴ	薩噶爾瑪克	sagarmak	蒙古語，荒唐
216	ᡠᡵᡨᡠᡥᠠᠨ	烏爾圖罕	urtuhan	蒙古語，微長
217	ᡥᡝᠪᡝ	赫伯	hebe	商議
218	ᠰᡠᡩᡠᡵᡳ	蘇都哩	suduri	史
219	ᠰᡳᡩᡠ	實都	sidu	蒙古語，牙
220	ᠪᡳᠶᠣᠣᡥᠠ	標哈	biyooha	蠶繭

順次	滿　語	漢　字	羅馬拼音	詞　義
221	ᠴᡳᠰᡠᠨ	齊遜	cisun	蒙古語，血
222	ᠴᠠᠪᡳᡩᠠᡵ	察必達爾	cabidar	蒙古語，銀鬃馬
223	ᠠᠰᡳᡥᠠᠨ	阿實罕	asihan	年少
224	ᠰᠠᠯᠠᡤᠠ	薩拉噶	salaga	蒙古語，樹枝
225	ᠪᠣᡧᠣ	博碩	bošo	催
226	ᡳᠰᡠ ᠮᠠᠯ	伊蘇瑪勒	isu mal	蒙古語，九牲畜
227	ᡥᡡᠯᡠᠰᡠ	呼魯蘇	hūlusu	蒙古語，蘆葦
228	ᡠᡴᠰᡠᠨ	烏克遜	uksun	宗室
229	ᡨᡝᡥᡝ	特赫	tehe	大角羊
230	ᠠᡩᠠ	阿達	ada	筏

順次	滿　語	漢　字	羅馬拼音	詞　義
231	ᡵᠠᠰᡳ	喇　實	rasi	唐古特語，吉祥
232	ᠵᠣᠯ	卓　勒	jol	蒙古語，采頭
233	ᡩᠠᠯᡠ	達　魯	dalu	蒙古語，琵琶骨
234	ᠪᡠᡩᠠᠩ	布　當	budang	蒙古語，霧
235	ᠰᠠᠮᡥᠠ	薩木哈	samha	污癞
236	ᠰᠠᠩᡤᠠ	桑　阿	sangga	孔
237	ᡝᡴᠴᡳᠨ	額克沁	ekcin	河坎
238	ᠠᡤᡡ	阿　古	agū	蒙古語，寬
239	ᡤᡳᠯᠵᠠ	吉勒扎	gilja	恕
240	ᠶᠠᡩᠠᠨᠠ ᠠᠯᠠ	雅達納 阿　拉	yadana ala	鵠山岡
241	ᠮᠠᡠ	瑪　武	mau	

順次	滿語	漢字	羅馬拼音	詞義
242	ᡠᠰᡠ	烏蘇	usu	蒙古語，水
243	ᠰᠣᠯᠣᡥᡳ	索羅希	solohi	騷鼠
244	ᠰᠠᡵᠠᡨᡠ	薩喇圖	saratu	蒙古語，月地
245	ᡧᠠᡥᡡᠨ ᡝᠵᡝ	沙琿 額哲	šahūn eje	白色 騸牛
246	ᡨᡳᡴᡩᡝ	提克德	tikde	索倫語，連陰
247	ᠰᠠᠯᠠᡤᠠᡨᡠ	薩拉噶圖	salagatu	蒙古語，多枝之樹
248	ᡩᠠᠯᡩᠠ	達勒達	dalda	隱避
249	ᡴᡝᠴᡠ ᡝᠵᡝ	克楚 額哲	kecu eje	狼騸牛
250	ᡧᡝᠩᡤᡠᠸᡝᠨᡠ	神果努	šenguwenu	

順次	滿　語	漢　字	羅馬拼音	詞　義
251		阿多古	adogū	蒙古語，牧場
252		巴克實	baksi	蒙古語，師
253		密拉	mila	蒙古語，馬鞭
254		實新 安巴	sisin amba	食量大
255		額嚕温	eruwen	鑽
256		瑪格	mage	
257		伊埒 巴噶	ile baga	蒙古語，明顯小
258		呼拉哈	hūlaha	已念
259		古裕	guyu	唐古特語，梹榔

順次	滿　語	漢　字	羅馬拼音	詞　義
260	ᡳᠯᡳᠨ	伊　林	ilin	止
261	ᡨᡠᡵᡤᠠ	圖爾噶	turga	瘦
262	ᡧᡠᠰᡠ	舒　蘇	šusu	廩給
263	ᡴᡳᠶᠠᠩᡴᡳᠶᠠᠨ	強　謙	kiyangkiyan	毅
264	ᡥᠣᡵᠴᠠ	和爾察	horca	蒙古語，敏捷
265	ᠪᡝᡵᡳ	伯　哩	beri	弓
266	ᡬᠠᠩᡬᠠ	綱　嘎	g’angg’a	唐古特語，天河
267	ᠸᠠᠯᡩᠠ	斡勒達	walda	棄捨
268	ᠴᠣ ᠣ	綽　鄂	co o	唐古特語，性氣
269	ᠵᡠᡵᠰᡠᠯᡝ	珠爾蘇埒	jursule	使重疊

資料來源：《欽定四庫全書》，「史部」，《欽定金史語解》，卷十一。

表中所列人名類名稱，共計二六九個，以滿洲語為本，並列漢字。除滿洲語外，還含有頗多源自蒙古語、唐古特語的人名類名稱。表中瑪納布（manabu），滿洲語，意即「令敝壞」，卷十七作「木納阿卜」。察罕（cagan），蒙古語，意即「白色」，卷十七作「長河」。瑪哈雅納（mahayana），梵語，意即「大乘」，卷十七作「毛花輦」。實格（šige），無解義，卷十七作「十哥」，卷六十三作「石哥」，卷一一四作「矢哥」。愛新（aisin），滿洲語，意即「金」，卷十七作「愛申」，卷五十九作「阿辛」。哈昭（hajoo），蒙古語，意即「旁邊」，卷十七作「合周」。慶善努（kingšannu），無解義，卷十七作「慶山奴」。莽伊蘇（manggisu），蒙古語，意即「獾」，卷十七作「麻斤出」。布嚕魯（burulu），滿洲語，意即「紅沙馬」，卷十七作「不魯剌」。耀爾（yool），無解義，卷十七作「咬兒」。納新（nasin），滿洲語，意即「馬熊」，卷十七作「納申」，又作「奴申」。

巴爾瑪（barma），蒙古語，意即「孱弱可憫」，卷十七作「八里門」。薩尼雅布（saniyabu），滿洲語，意即「令舒展」，卷十七作「斜捻阿不」，卷十八作「習捻阿不」。德希（dehi），滿洲語，意即「四十」，卷十七作「都喜」。豐紳（fengšen），滿洲語，意即「福祉」，卷十七作「封仙」。拉格（lage），無解義，卷十七作「臘哥」。富聶遜（funiyesun），滿洲語，意即「褐」，卷十八作「范乃速」，卷二十三作「蒲乃速」。重僧努（jungsengnu），無解義，卷十八作「眾僧奴」。珠赫（juhe），滿洲語，意即「冰」，卷十八作「珠顆」，卷一三四作「猪狗」。官努（guwannu），無解義，卷十八作「官奴」。珠爾（jur），蒙古語，意即「麞子」，卷十八作「猪兒」。額埒春（elecun），滿洲語，意即「知足之足」，卷十八作「兀論出」，卷七十六作「阿里出」，卷一一三作「斡論出」，又作「訛論出」。肆喜（syhi），無解義，卷十八作「四喜」。呼圖哩（hūturi），滿洲語，意即「福」，卷十八作「忽土鄰」。漳軍努（janggiyūnnu），無解義，卷十八作「張軍奴」。額實（esi），蒙古語，意即「干支之干」，卷十八作「二十」。蘇布特（subut），蒙古語，意即「珍珠」，卷十八作「碎不觧」，卷九十一作「斜普」，卷一一二作「速不觧」。塔克實布（taksibu），滿洲語，意即「令存」，卷十八作「塔失不」，又作「答失不」，卷一一六作「搭失不」。寧古（ninggu），滿洲語，意即「上」，卷十八作「粘古」。温綽（onco），滿洲語，意即「寬」，卷十八作「完出」。富格（fuge），無解義，卷十八作「復哥」。烏展（ujan），滿洲語，意即「田地之邊」，卷十八作「完展」。巴爾（bar），蒙古語，意即「虎」，卷十八作「八兒」。當格（dangge），無解義，卷十八作「當哥」。

察遜（casun），蒙古語，意即「雪」，卷十八作「昌孫」，卷八十作「常孫」，卷一一六作「陳僧」。伊實拉（isila），唐古特語，「伊實」，意即「智慧」，「拉」，意即「神」，卷十八作「移失剌」。經實（gingsi），滿洲語，意即「呻吟」，卷十八作「絳山」。安福格（anfuge），無解義，卷十九作「安福哥」。聶赫（niyehe），滿洲語，意即「鴨」，卷十八作「涅合」，卷六十五作「泥河」，卷一一一作「粘合」。漳嘉努（janggiyanu），無解義，卷二十四作「張家奴」。阿卜薩（absa），滿洲語，意即「樺皮桶」，卷二十七作「阿補孫」，卷八十六作「阿不沙」，卷一二一作「阿本斯」。騰格徹（tenggece），蒙古語，意即「相稱」，卷二十七作「唐古出」，卷五十九作「同刮茁」。鄂斯歡（oshon），滿洲語，意即「性戾」，卷三十一作「阿思魁」。尼堪（nikan），滿洲語，意即「漢人」，卷三十一作「粘哥」，又作「粘罕」。斡里雅布（waliyabu），滿洲語，意即「令棄」，卷三十一作「斡里不」。烏爾古（urgu），蒙古語，意即「孳生」，卷三十一作「斡里古」。實實（sisi），滿洲語，意即「榛子」，卷三十一作「習失」。蘇勒庫（sulku），滿洲語，意即「花架」，卷四十四作「許烈故」。楚呼（cuhū），蒙古語，意即「純色」，卷四十五作「鈔兀」。額森博勒（esen bool），蒙古語，「額森」，意即「平安」，「博勒」，意即「奴才」，卷四十五作「阿思鉢」。台布（taibu），滿洲語，意即「柁」，卷四十五作「臺補」。愛呼（aihū），滿洲語，意即「母貂鼠」，卷四十五作「按虎」。北京努（begingnu），無解義，卷四十五作「北京奴」。雅格（yage），無解義，卷四十五作「牙哥」。固納（gūna），滿洲語，意即「三歲牛」，卷四十五作「骨赧」，卷六十五作「郭赧」。實登（siden），滿洲語，意即「公」，卷四十六作「拾得」。

阿爾托歡（ar tohon），蒙古語，「阿爾」，意即「花紋」，「托歡」，意即「釜」，卷四十六作「阿里徒歡」。索歡（sohon），滿洲語，意即「淡黃色」，卷四十六作「稍喝」。成格勒（cenggel），蒙古語，意即「樂」，卷四十七作「青狗兒」，卷一〇一作「青覺兒」。婁（luo），蒙古語，意即「龍」，卷四十七作「落兀」。布色（buse），蒙古語，意即「帶子」，卷四十七作「婆薩」。伊里布（ilibu），滿洲語，意即「令立」，卷四十七作「移剌不」，卷六十三作「乙剌補」，卷八十一作「乙里補」，卷八十二作「野里補」，卷八十四作「移剌補」。鄂勒巴（olba），蒙古語，意即「已得」，卷四十八作「斡魯補」。錫卜察（sibca），滿洲語，意即「裁汰」，卷四十八作「斜不出」，卷七十二作「斜補出」。玖勝努（giošengnu），無解義，卷四十九作「九勝奴」。錫赫特（sihete），滿洲語，意即「毛鬃稀短」，卷五十九作「謝庫德」。錫哩布（siribu），滿洲語，意即「令擠」，卷五十九作「謝夷保」。伯勒赫（belhe），滿洲語，意即「預備」，卷五十九作「跋里赫」，卷六十五作「僕里黑」，卷八十五作「把里海」。

鄂特藏布（ot dzangbu），唐古特語，意即「好光」，卷九十三作「訛曾不」。圖庫（tuku），滿洲語，意即「表裏之表」，卷五十九作「敵酷」。擦斡（ts'awa），唐古特語，意即「熱」，卷五十九作「斜斡」。斡里雅（waliya），滿洲語，意即「棄」，卷五十九作「斡里安」，卷七十二作「斡里衍」。扎巴台（jabatai），蒙古語，意即「山谷處」，卷五十九作「扎保迪」。赫色本（hesebun），滿洲語，意即「命」，卷五十九作「劾真保」。滿都布（mandubu），滿洲語，意即「令長」，卷五十九作「謾都本」。們都（mendu），蒙古語，意即「安好之好」，卷五十九作「謾睹」，卷六十五作「蠻覿」，又作「門都」。伊呼訥（irene），蒙古語，意即「來」，卷五十九作「恧里乃」。伊克（ike），蒙古語，意即「大」，卷五十九作「冶訶」。呼密（hūmi），蒙古語，意即「包」，卷五十九作「胡麻」。訥古庫（neguku），蒙古語，意即「遷移」，卷五十九作「耨酷款」。富爾丹（furdan），滿洲語，意即「關」，卷五十九作「蒲里迭」。富德（fude），滿洲語，意即「令送」，卷五十九作「蒲帶」。雲闢（yumpi），滿洲語，意即「浸潤」，卷五十九作「裊頻」。安塔哈（antaha），滿洲語，意即「客」，卷五十九作「按答海」，卷六十五作「按打海」。徹珍（cejen），滿洲語，意即「胸膛」，卷五十九作「茶扎」。

帕克巴（pakba），唐古特語，意即「聖」，卷五十九作「怕八」。額布勒（ebul），蒙古語，意即「冬」，卷五十九作「耶補」，卷六十三作「耶補兒」，卷六十八作「耶不里」。烏珠（uju），滿洲語，意即「頭」，卷五十九作「兀朮」。額魯（elu），滿洲語，意即「葱」，卷五十九作「訛魯」。哈必蘇（habisu），蒙古語，意即「肋」，卷五十九作「斛孛束」。薩魯（salu），滿洲語，意即「鬚」，卷五十九作「斜魯」。阿古喇（agūra），滿洲語，意即「器械」，卷五十九作「阿虎懶」，卷六十九作「沃窟剌」，卷七十二作「阿鶻懶」，卷七十三作「阿噶懶」。果實（gosi），滿洲語，意即「疼愛」，卷五十九作「鈎實」。和勒博繖（holbosan），蒙古語，意即「連絡」，卷五十九作「胡特孛山」，卷八十四作「胡魯補山」。喜格（hige），無解義，卷五十九作「喜哥」。額爾古訥（ergune），蒙古語，意即「舉」，卷五十九作「訛古乃」。實庫（sikū），滿洲語，意即「箭眼」、「撒袋內襯格」，卷五十九作「什古」，卷十一作「神谷」，卷一〇一作「師古」，卷一二〇作「石古」。芬濟瑪（funjima），滿洲語，意即「糞蟲」，卷六十作「蒲馬」。音德（yende），滿洲語，意即「興起」，卷五十九作「羊蹄」。沃辰（wecen），滿洲語，意即「祭」，卷六十作「窊產」。

和實瑪勒（hosi mal），蒙古語，「和實」，意即「引馬」，「瑪勒」，意即「牲畜」，卷六十作「和實懣」。巴圖達爾罕（batu darhan），蒙古語，「巴圖」，意即「堅固」，「達爾罕」，意即「凡有勤勞免其差役」，卷六十三作「拔炭都魯海」。蘇布特薩固察（subut sagūca），蒙古語，「蘇布特」，意即「珍珠」，「薩固察」，意即「坐位」，卷六十三作「石批德撒骨只」。哈納（hana），滿洲語，意即「氈廬墻」，卷六十三作「劾迺」。阿爾遜（arsun），滿洲語，意即「萌芽」，卷六十三作「阿魯束」。阿喇蘇（arasu），蒙古語，意即「皮革」，卷六十三作「阿魯瑣」。沙必（šabi），滿洲語，意即「徒弟」，卷六十三作「實匹」。華特默（hūwa teme），蒙古語，意即「甘草黃駝」，卷六十三作「虎特末」。富僧額（fusengge），滿洲語，意即「孳生」，卷六十三作「蒲速斡」，又作「蒲速椀」。巴克繖（baksan），滿洲語，意即「把子」，卷六十三作「白散」，卷一〇一作「伴僧」。阿爾法（arfa），滿洲語，意即「油麥」，卷六十三作「阿魯瓦」。囊嘉特（nanggiyat），蒙古語，意即「漢人」，卷六十三作「南家」。托克索（tokso ），滿洲語，意即「屯」，卷六十三作「突葛速」，卷八十作「突合速」。勝格（šengge），無解義，卷六十三作「勝哥」。阿都固（adugū），蒙古語，意即「牧場」，卷六十三作「按都瓜」。

色特爾（seter），蒙古語，意即「祭祀馬尾上拴的紬條」，卷六十三作「擇特懶」。伊囉斡（irowa），蒙古語，意即「吉兆」，卷六十三作「耶魯瓦」，卷九十九作「葉祿瓦」。唐古特（tanggūt），西番部名，卷六十三作「堂古帶」。鼐喇古（nairagū），蒙古語，意即「温厚」，卷六十三作「奈刺忽」。富魯和卓（fulu hojo），滿洲語，「富魯」，意即「有餘」，「和卓」，意即「美麗」，卷六十三作「蒲魯胡只」。訥格（nege），蒙古語，意即「開」，卷六十三作「內哥」。蘇色（suse），滿洲語，意即「草率」，卷六十三作「撒速」。僧庫埒（sengkule），滿洲語，意即「韭菜」，卷六十三作「鬆古剌」。闢拉（pila），蒙古語，意即「菜碟」，卷六十三作「闢懶」。格呼勒（gerel），蒙古語，意即「光」，卷六十三作「遏里來」。阿巴（aba），滿洲語·意即「圍」、「畋獵」，卷六十四作「按補」，卷九十一作「阿補」。綽爾齊（corci），蒙古語，意即「吹笳人」，卷六十四作「雛訛只」。桑戩（sang jiyan），唐古特語，意即「好裝嚴」，卷六十四作「參君」。實德琿（sidehun），滿洲語，意即「門栓」、「窻横櫺」，卷六十四作「石止黑」，又作「石土黑」。珠蘇庫（jusukū），滿洲語，意即「鉛刀」、「鉛餅」，卷六十四作「朮思黑」。托噶（toga），蒙古語，意即「數」，卷六十四作「陀斡」。綽（coo），滿洲語，意即「鐵鍬」，卷六十四作「抄」。特克新（teksin），滿洲語，意即「齊整」，卷六十四作「太神」。和碩穆丹（hošo mudan），滿洲語，「和碩」，意即「隅」，「穆丹」，意即「彎」，卷六十四作「遏速木單」。扎克繖（jaksan），滿洲語，意即「霞」，卷六十四作「張僧」。準塔（junta），滿洲語，意即「獸跡」、「獸徑」，卷六十五作「准德」。蘇拉布（sulabu），滿洲語，意即「留空」，卷六十五作「束里保」。

賽音諾延（sain noyan），蒙古語，「賽音」，意即「好」，「諾延」，意即「官長」，卷六十五作「申乃因」。富哲（fuje），無解義，卷六十五作「富者因」。雅爾盤（yar pan），唐古特語，「雅爾」，意即「上」，「盤」，意即「益」，卷六十五作「躍盤」。鄂博（obo），蒙古語，意即「堆石以為祭處」，卷六十五作「斡不」，卷八十作「阿不」。和哩布（horibu），滿洲語，意即「令圈圍」，卷六十五作「刻里鉢」。都本（duben），滿洲語，意即「終」，卷六十五作「敵本」，卷一二〇作「迪鉢」。阿勒呼丹（alhūdan），滿洲語，意即「法則」，卷六十五作「阿里保太彎」。斯勒年（sylniyan），唐古特語，意即「清涼柔軟」，語解作「清音」，異，卷六十五作「新羅奴」。鄂勒歡（olhon），滿洲語，意即「乾燥」，卷六十五作「窩盧歡」，卷七十三作「阿魯綰」，卷一三五作「斡魯罕」。海古勒和尼齊（haigūl honici），蒙古語，「海古勒」，意即「後護」，

「和尼齊」，意即「牧羊人」，卷六十五作「刻古和尼茁」。呼紐（hunio），滿洲語，意即「水桶」，卷六十五作「合你隈」。塔塔（tata），滿洲語，意即「拉」，卷六十五作「挑撻」。錫喇布（sirabu），滿洲語，意即「令接續」，卷六十五作「許里阿補」。

薩固察（sagūca），蒙古語，意即「座位」，卷六十五作「撒屋出」。薩奇珠（sakiju），蒙古語，意即「看守」，卷六十五作「撒屈出」。布格（būge），蒙古語，意即「巫」，卷六十五作「僕根」。迪延（diyan），蒙古語，意即「禪定」，卷六十六作「迪越」。阿克蘇木（aksum），蒙古語，意即「馬猖狂」，卷六十六作「阿合束」。果布（guwebu），滿洲語，意即「寬免」，卷六十六作「摑保」。巴噶布琳（baga burin），蒙古語，「巴噶」，意即「小」，「布琳」，意即「全」，卷六十六作「霸合布里」。珠嚕（juru），滿洲語，意即「雙」，卷六十六作「朮魯」，卷一〇三作「只魯」。呼實哈（hūsiha），滿洲語，意即「裹」，卷六十六作「胡石改」。薩納噶（sanaga），蒙古語，意即「意」、「思想」，卷六十六作「思泥古」。鄂摩（omo），滿洲語，意即「池」，卷六十六作「吾母」。烏珍（ujen），滿洲語，意即「重」，卷六十六作「烏蠢」。克們（kemun），滿洲語，意即「規矩」，卷六十六作「高門」。鄂和（oho），滿洲語，意即「腋」，卷六十七作「窩忽窩」。佛穆丹（fe mudan），滿洲語，「佛」，意即「舊」，「穆丹」，意即「音韻」，卷六十七作「蒲馬太彎」。拜察（baica），滿洲語，意即「察」，卷六十七作「畢察」。

巴特瑪（batma），唐古特語，意即「蓮花」，卷六十七作「巴的懣」。達爾歡（darhūwan），滿洲語，意即「衡」，「衡量的桿子」，卷六十七作「達魯罕」，卷一一二作「達魯歡」。茂賽音（moo sain），滿洲語，「茂」，意即「樹」，「賽音」，意即「好」，卷六十七作「脉腮引」。圖罕（tuhan），滿洲語，意即「獨木橋」，卷六十七作「禿罕」。烏爾圖（urtu），蒙古語，意即「長」，卷六十七作「斡脫」。果多歡（godohon），滿洲語，意即「直立貌」，卷六十七作「故德黑」。和羅（holo），滿洲語，意即「山谷」，卷六十七作「海羅」。温綽歡（oncohon），滿洲語，意即「仰面」，卷六十七作「斡茁火」。和囉奇（horoki），滿洲語，意即「老蒼」，卷六十七作「劾魯石」。海罕（haihan），滿洲語，意即「靴襪的沿條」，卷六十七作「海葛安」。完塔哈（wantaha），滿洲語，意即「杉木」，卷六十七作「斡達罕」。烏都温（uduwen），滿洲語，意即「公貔」，卷六十七作「屋徒門」。

阿固濟（agūci），蒙古語，意即「寬敞」，卷六十七作「粵古哲」。伯特赫（bethe），滿洲語，意即「足」，卷六十七作「白底哥」。博多和（bodoho），滿洲語，意即「算計」，卷六十八作「罷敵悔」。濟色（jise），滿洲語，意即「底稿」，卷六十八作「滓賽」，卷一二一作「糺舍」。布格蘇（bugesu），蒙古語，意即「蝨」，卷六十八作「不歌束」，卷一二一作「孛果速」。珠敦（judun），滿洲語，意即「高岡」，卷六十八作「注都」，卷七十二作「朮得」。蘇爾噶勒（surgal），蒙古語，意即「教」，卷六十八作「石盧斡勒」。恩楚華善（encu hūwašan），滿洲語，「恩楚」，意即「異」，「華善」，意即「和尚」，卷六十八作「阿出胡山」。克爾森（kersen），滿洲語，意即「羊胸岔帶皮肉」，卷六十八作「曷羅哂」，卷八十五作「可孫」。安扎（anja），滿洲語，意即「犂」，卷六十八作「阿注阿」。薩塔（sata），滿洲語，意即「松針」，卷六十八作「撒達」，卷一二〇作「散答」。阿勒坦（altan），蒙古語，意即「金」，卷六十八作「阿魯太彎」。喇卜丹（rabdan），唐古特語，意即「堅固」，卷六十八作「阿魯不太彎」，卷一一三作「劉打」。錫林（silin），滿洲語，意即「精銳」，卷六十八作「習烈」。拉巴哩（labari），滿洲語，意即「拉叭」、「傘蓋頂幔」，卷六十八作「老勃論」。博克順（bokšon），滿洲語，意即「胸尖骨」，卷六十八作「拔合汝」。歡托和（hontoho），滿洲語，意即「半」，卷六十八作「胡都化」，卷八十六作「忽土華」。蘇都（sudu），滿洲語，意即「接膝骨」，卷六十八作「厮都」。

和囉海（horohai），蒙古語，意即「蟲」，卷六十八作「活里蓋」。阿勒達（alda），蒙古語，意即「一庹」，卷六十八作「阿里帶」。約罕（yoohan），滿洲語，意即「綿子」，卷六十八作「虞劃」。圖善（tušan），滿洲語，意即「職任」，卷六十八作「徒山」，卷八十一作「塗山」。通古（tunggu），滿洲語，意即「淵」，卷六十八作「同瓜」。特訥克（tenek），蒙古語，意即「愚」，卷六十九作「獨奴可」。斡琿（wahūn），滿洲語，意即「臭」，卷六十九作「斡忽」。額爾袞（erguwen），滿洲語，意即

「一紀之紀」，卷六十九作「訛魯觀」，卷九十五作「訛魯古」。實嘉努（šigiyannu），無解義，卷六十九作「石家奴」。皐善努（g'aošannu），無解義，卷七十作「高山奴」。布勒圖（bultu），蒙古語，意即「全」，卷七十作「孛里篤」。穆隆阿（murungga），滿洲語，意即「髣髴」，卷七十作「木盧瓦」。漳格（jangge），無解義，卷七十作「張哥」。碩和卓（šuwe hojo），滿洲語，「碩」，意即「直達」，「和卓」，意即「美麗」，卷七十作「稍合住」。呼圖克（hūtuk），蒙古語，意即「福」，卷七十一作「胡突古」。鄂蘭沙津（olan šajin），蒙古語，「鄂蘭」，意即「多」，「沙津」，意即「教」，卷七十一作「烏論石準」。恩勝努（enšengnu），無解義，卷七十一作「恩勝奴」。伊實布（isibu），滿洲語，意即「令至」，卷七十一作「乙賽補」，卷一一三作「移失不」。

薩噶爾瑪克（sagarmak），蒙古語，意即「荒唐」，卷七十一作「撒曷懣」，卷九十八作「撒合門」，卷一二〇作「撒合懣」。烏爾圖罕（urtuhan），蒙古語，意即「微長」，卷七十一作「阿魯臺罕」，卷七十二作「阿离土罕」。赫伯（hebe），滿洲語，意即「商議」，卷七十一作「喝補」，又作「痕孛」。蘇都哩（suduri），滿洲語，意即「史」，卷七十一作「散都魯」，卷八十作「散篤魯」。實都（sidu），蒙古語，意即「牙」，卷七十一作「神篤」。標哈（biyooha），滿洲語，意即「蠶繭」，卷七十一作「杓合」。齊遜（cisun），蒙古語，意即「血」，卷七十一作「赤閏」。察必達爾（cabidar），蒙古語，意即「銀鬃馬」，卷七十一作「轍孛得」。阿實罕（asihan），滿洲語，意即「年少」，卷七十一作「阿習罕」。薩拉噶（salaga），蒙古語，意即「樹枝」，卷七十一作「撒剌喝」。博碩（bošo），滿洲語，意即「催」，卷七十一作「剖叔」。伊蘇瑪勒（isu mal），蒙古語，「伊蘇」，意即「九」，「瑪勒」，意即「牲畜」，卷七十一作「移室懣」。呼魯蘇（hūlusu），蒙古語，意即「蘆葦」，卷七十一作「忽剌叔」。烏克遜（uksun），滿洲語，意即「宗室」，卷七十一作「烏古孫」。特赫（tehe），滿洲語，意即「大角羊」，卷七十一作「迪罕」。阿達（ada），滿洲語，意即「筏」，卷七十一作「阿塔」。

喇實（rasi），唐古特語扎實（jasi）之蒙古語又讀音，意即「吉祥」，卷七十一作「剌繖」。卓勒（jol），蒙古語，意即「采頭」，卷七十二作「照撒」，卷八十二作「照二」。達魯（dalu），蒙古語，意即「琵琶骨」，卷七十二作「迪六」。布當（budang），蒙古語，意即「霧」，卷七十二作「補攧」。薩木哈（samha），滿洲語，意即「污癜」，卷七十二作「三謀合」。桑阿（sangga），滿洲語，意即「孔」，卷七十二作「撒按」，卷一〇〇作「宋阿」。額克沁（ekcin），滿洲語，意即「河坎」，卷七十二作「訛哥金」。阿古（agū），蒙古語，意即「寬」，卷七十二作「阿骨」。吉勒扎（gilja），滿洲語，意即「恕」，卷七十二作「糺者」。雅達納阿拉（yadana ala），滿洲語，「雅達納」，意即「鵠」，「阿拉」，意即「山岡」，卷七十二作「鴨撻阿懶」。瑪武（mau），無解義，卷七十二作「馬五」。烏蘇（usu），蒙古語，意即「水」，卷七十二作「完速」。索羅希（solohi），滿洲語，意即「騷鼠」，卷七十二作「索里乙室」。薩喇圖（saratu），蒙古語，意即「月地」，卷七十二作「撒里土」。沙琿額哲（šahūn eje），滿洲語，「沙琿」，意即「白色」，「額哲」，意即「騸牛」，卷七十二作「沙古質」。

提克德（tikde），索倫語，意即「連陰」，卷七十二作「締達」。薩拉噶圖（salagatu），蒙古語，意即「多枝之樹」，卷七十二作「撒里古獨」。達勒達（dalda），滿洲語，意即「隱避」，卷七十二作「撻离答」。克楚額哲（kecu eje），滿洲語，「克楚」，意即「狠毒的」，語解作「狼」，訛誤，「額哲」，意即「騸牛」，卷七十三作「渠雛訛只」。神果努（šenguwenu），無解義，卷七十三作「神果奴」。阿多古（adogū），蒙古語，意即「馬羣」，語解作「牧場」，訛誤，卷七十三作「阿土石」。巴克實（baksi），蒙古語，意即「師」，卷七十三作「八十」。密拉（mila），蒙古語，意即「馬鞭」，卷七十三作「民列」，卷八十六作「秘剌」。實新安巴（sisin amba），滿洲語，意即「食量大」，卷七十三作「奚沙阿補」。額嚕温（eruwen），滿洲語，意即「鑽」，卷七十四作「敖魯翰」。瑪格（mage），無解義，卷七十四作「馬哥」。

伊埒巴噶（ile baga），蒙古語，「伊埒」，意即「明顯」，「巴噶」，意即「小」，卷七十四作「越魯孛古」。呼拉哈（hūlaha），滿洲語，意即「已念」，卷七十四作「胡盧瓦」。古裕（guyu），唐古特語，意即「梹榔」，卷七十四作「骨欲」。伊林（ilin），滿洲語，意即「止」，卷七十四作「餘里衍」。圖爾噶（turga），滿洲語，意即

「瘦」，卷七十四作「度盧斡」。舒蘇（šusu），滿洲語，意即「廩給」，卷七十四作「受速」，卷一二一作「神思」。強謙（kiyangkiyan），滿洲語，意即「毅」，卷七十四作「獻仙」。和爾察（horca），蒙古語，意即「敏捷」，卷七十四作「忽里者」。伯哩（beri），滿洲語，意即「弓」，卷七十四作「頗里」。綱嘎（g'ang'a），唐古特語，係梵語“ganggā”之音譯，意即「恆河」，語解作「天河」，訛誤，卷七十四作「剛哥」。斡勒達（walda），滿洲語，意即「棄捨」，卷七十四作「斡敵」。綽鄂（coo），唐古特語，意即「性氣」，卷七十四作「酬越」。珠爾蘇埒（jursule），滿洲語，意即「使重叠」，卷七十四作「朮實懶」。

伯哩 額伊

伯哩 弓也卷七十四作頗里

嘎昂 阿嘎

綱嘎 唐古特語天河也卷七十四作剛哥

斡阿勒達阿

斡勒達 棄捨之謂卷七十四作斡敵

綽鄂

綽鄂 唐古特語性氣也卷七十四作酬越

ᡳᠶᠠᠨ 伊𠵢昂烏𠴣

欽定四庫全書

欽定金史語解 卷十二 三十八

費揚古 季子也卷六十八作蒲陽温

ᠵᡳᠰᠠ 伊阿𠼽

直薩 唐古特語神名卷一百三十三作直撒

欽定金史語解卷十二

十四、《欽定金史語解》人名（五）

《欽定金史語解・人名・名物》滿漢對照表

順次	滿　語	漢　字	羅馬拼音	詞　義
1	ᡴᡠᠰᡝᠯ	庫色勒	kusel	蒙古語，欲
2	ᡥᡡᡵᡳ	呼哩	hūri	松子
3	ᠪᡠᡵᡠᡳ	布壘	burui	蒙古語，傍晚
4	ᠪᠠᡳᡨᠠᠯᠠ	拜塔蘭	baitala	用
5	ᠠᡳᠰᡳᠨ ᠣᠶᠣ	愛新 鄂約	aisin oyo	金 廬頂
6	ᠠᡤᡝ	阿格	age	父母呼子
7	ᡬᠠᠮᠪᡠ	斡布	g’ambu	唐古特語，年老
8	ᠴᡝᠨᡩᡝ	辰德	cende	試

順次	滿 語	漢 字	羅馬拼音	詞 義
9		烏瑪喇	umara	蒙古語，北
10		松科	songko	蹤跡
11		富勒堅	fulgiyan	紅
12		哈里	hali	有水寬甸處
13		賽音 舒嚕	sain šuru	好珊瑚
14		摩格	moge	
15		雅穆	yamu	蒙古語，職分
16		都林	dulin	一半
17		和坦	hotan	蒙古語，城
18		和摩爾噶	homorga	蒙古語，圍場

順次	滿　語	漢　字	羅馬拼音	詞　義
19	ᡝᡨᡝᠪᡠ	額特布	etebu	令勝
20	ᡥᠣᡵᡨᠠᡳ	和爾台	hortai	蒙古語，物有毒
21	ᠶᠠᠰᠠ	雅薩	yasa	目
22	ᠰᡠᡳᡥᡝ	綏赫	suihe	綬
23	ᠠᠪᡠᡵᡳ	阿布哩	aburi	戾
24	ᠨᡳᠩᡤᡠᠨ ᠵᡠᡵᡠ	寧温 珠嚕	ninggun juru	六雙
25	ᠵᠠᡴᡡᠨ	札昆	jakūn	八
26	ᡥᡝᠮᡦᡝ	赫木頗	hempe	結吧
27	ᡥᡠᠸᡝᠵᡝᠨ	和珍	huwejen	屏
28	ᡩᡝᡵᡳᠪᡠ	德哩布	deribu	興起

順次	滿語	漢字	羅馬拼音	詞義
29		阿古圖	agūtu	蒙古語，寬處
30		寧嘉	ninggiya	菱角
31		和拜	hobai	印花布
32		哲克訥	jekene	往食
33		布爾噶蘇	burgasu	蒙古語，叢柳
34		盤尼納	pannina	梵語，有龍地
35		瑪爾戩直薩	mar jiyan jysa	唐古特語，紅色粧嚴神
36		溫屯	untun	女手鼓
37		和木歡	homhon	刀鞘

順次	滿　語	漢　字	羅馬拼音	詞　義
38		徹辰阿古齊	cecen agūci	蒙古語，聰明寬
39		呼爾喀	hūrka	套鳥之套子
40		德克濟布	dekjibu	令長進
41		伊楞古	ilenggu	舌
42		伯騰	beten	蚯蚓
43		玖格	gioge	
44		耨埒	neole	梵語，寶鼠
45		果巴	g'oba	唐古特語，頭人
46		布展	bujan	樹林
47		洋阿	yangga	油松亮子

順次	滿　語	漢　字	羅馬拼音	詞　義
48	ᡥᠣᠮᠰᠣ	和木索	homso	梭
49	ᠵᡠᡵᡠ ᠵᡠᠨ	珠嚕準	juru jun	雙竈
50	ᡨᠣᠨᡩᠣ	摶　多	tondo	忠
51	ᠨᠠᡥᠠᠨ	納　罕	nahan	炕
52	ᠰᠠᡤᡡ	薩　古	sagū	蒙古語，坐
53	ᠰᡝᡵᡝᡥᡠᠨ	色哷琿	serehun	睡臥輕醒
54	ᠵᡝᡵᡤᡝ	哲爾格	jerge	蒙古語，等次
55	ᡥᠣᡳᡥᠠᠨ	輝　罕	hoihan	圍場
56	ᠪᡠᠮ	布　木	bum	唐古特語，億
57	ᡝᠪᡠᡤᡝᠨ	額布根	ebugen	蒙古語，老叟
58	ᡨᠠᡨᠠᠨ	塔　坦	tatan	旅寓

順次	滿　語	漢　字	羅馬拼音	詞　義
59		扎　古	jagū	蒙古語，百
60		富埒赫	fulehe	本
61		古　頁	guye	刀把頂束
62		普霞努	puhiyanu	
63		穆　遜	mūsun	蒙古語，冰
64		罕　齊	hanci	近
65		酥　格	suge	
66		鄂囉羅	orolo	頂缺
67		諸神努	jušennu	
68		富勒哈	fulha	楊樹
69		蘇　拉	sula	閒散
70		薩　恰	sakiya	唐古特語，地方

順次	滿　語	漢　字	羅馬拼音	詞　義
71		特伯烈	tebeliye	抱
72		斡里雅	waliya	棄
73		布　敦	budun	懦弱
74		噶爾薩	garsa	爽利
75		約　博	yobo	詼諧
76		阿爾噶	arga	術
77		辰外爾	cenwail	
78		伊德爾	ider	蒙古語，壯年
79		鄂克多囉	okdoro	迎接
80		巴　格	bage	
81		講　格	giyangge	

順次	滿語	漢字	羅馬拼音	詞義
82	ᠴᠠᡥᠠᡵ	察哈爾	cahar	蒙古地名
83	ᠵᠣᠨᠣ	卓諾	jono	提
84	ᠵᠠᠰᡳ ᡤᡳᠶᡝ	扎實結	jasi giye	唐古特語，吉祥開廣
85	ᡩᡠᠩ ᠵᡳᠶᠠᠨ	楝戩	dung jiyan	唐古特語，磚渠粧嚴
86	ᠪᠠᠪᡠᡵ	巴布爾	babur	唐古特語，盒子
87	ᠠᡵᡤᠠᠯᡳ	阿爾噶里	argali	母盤羊
88	ᠸᠠᠩ ᡤᡠ	旺古	wang gu	權身
89	ᠪᠠᠴᡳᠨ ᡤᡳᠶᠠᠪ	巴沁嘉卜	bacin giyab	大勇保
90	ᠯᡳᠣᡥᠣ	瑠和	lioho	白條魚

順次	滿　語	漢　字	羅馬拼音	詞　義
91	ᡨᡝᠶᡝ	特　頁	teye	歇息
92	ᡥᡡᠩ ᡨᡝᠮᡝ	鴻特默	hūng teme	蒙古語，大駝
93	ᡩᡝᠯᡳ	德　里	deli	盤石
94	ᠪᠠᠩᡨᡠ	帮　圖	bangtu	斗拱
95	ᠪᠠᡨᡳᠶᠠᠨᠨᡠ	巴恬努	batiyannu	
96	ᠰᠠ	薩	sa	織凉帽麻草
97	ᠪᡠᡤᡡᡨᠠᡳ	布古台	bugūtai	蒙古語，有鹿之處
98	ᡥᡡᠪᠠᠯᠠ	呼巴拉	hūbala	糊
99	ᡥᠣᡥᠣ	和　和	hoho	豆角
100	ᡨᠠᠯᡳᡥᡡᠨ	塔里琿	talihūn	游移

順次	滿 語	漢 字	羅馬拼音	詞 義
101		圖古勒	tugūl	蒙古語，牛犢
102		恬霞努	tiyanhiyanu	
103		雅齊堪	yacika	微青
104		安	an	平常
105		錫伯	sibe	莖草
106		約囉	yoro	骲頭
107		必里克 巴噶	bilik baga	蒙古語，志量小
108		威喇	oira	蒙古語，近
109		哈希	hahi	急
110		華善	hūwašan	僧
111		蘇布	subu	解釋

順次	滿語	漢字	羅馬拼音	詞義
112	ᡳᠯᡥᡡ	伊勒呼	ilhū	一順
113	ᡨᠣᠮᠣᠪᡠ	托摩布	tomobu	令棲止
114	ᠪᠠᠵᡳᠯᠠ	巴濟拉	bajila	對岸
115	ᠨᡳᡩᡠᠨ	尼敦	nidun	蒙古語，目
116	ᠶᠠᡵᠠ	雅喇	yara	蒙古語，瘡
117	ᠨᡳᠣᡵᠣᠨ	紐掄	nioron	虹
118	ᠯᡝᡵᡤᡳᠶᡝᠨ	埒爾錦	lergiyen	心志寬大
119	ᡶᠣᡵᡳ	佛哩	fori	敲
120	ᡳᠪᡝ	伊伯	ibe	前進
121	ᠪᡠᠯᡠᠨ	布倫	bulun	車頭
122	ᠴᡠᡤᡳᠶᡡᠨᠨᡠ	出軍努	cugiyūnnu	

順次	滿語	漢字	羅馬拼音	詞義
123		鼎努	dingnu	
124		烏尼音	uniyen	乳牛
125		扎塔	jata	無能人
126		愛勒	ail	蒙古語，鄰
127		雅哈	yaha	無焰火
128		茂吉達	moo gida	木槍
129		鼎珠	dingju	
130		烏頁爾	uyer	蒙古語，澇
131		雅里罕都	yali hand	肉稻
132		哈噶	haga	骨鯁

順次	滿　語	漢　字	羅馬拼音	詞　義
133		呼都克	hūduk	蒙古語，井
134		納丹珠	nadanju	七十
135		將羅雅爾唐	jiyanglo yartang	南北野外
136		阿凌結	a ring giye	唐古特語，五長開廣
137		莽噶嘉們	mangga giyamun	剛強驛站
138		實勒們	silmen	鸇
139		奎騰	kuiten	蒙古語，冷
140		呼爾根	hurgen	犁一具

順次	滿語	漢字	羅馬拼音	詞義
141	ᡝᡤᡠᡩᡝ	額古徳	egude	蒙古語，門戶
142	ᠶᠠᡵᡤᠠ	雅爾噶	yarga	豹
143	ᡠᠯ	伍爾	ul	
144	ᠯᠠᠣᡥᠠ	老哈	laoha	蒙古語，目眵
145	ᠪᠠᡥᠠᠨᠠ	巴哈納	bahana	蒙古語，柱
146	ᡥᠠᡳᠨᡠ	海努	hainu	
147	ᡩᡠᡵᡠᠨ	都倫	durun	式樣
148	ᡩᡠᡵᡝ	都哷	dure	蒙古語，馬鐙
149	ᠮᠣᠩᡤᠣᠯ	蒙古勒	monggol	蒙古語，蒙古人
150	ᠮᡠᡩᡠᠨ	穆敦	mudun	山脊
151	ᠵᠠᠯᡤᡳᠶᠠ	扎勒嘉	jalgiya	通融
152	ᠵᡠᠨ	準	jun	竈

順次	滿　語	漢　字	羅馬拼音	詞　義
153		金僧努	ginsengnu	
154		托色拉	toosela	行權
155		文格	wenge	
156		薩固珠	sagūju	蒙古語，坐
157		玖錦	giogin	
158		必克楚	bikcu	梵語，比邱
159		哈斯罕	hashan	籬
160		伯嘉努	begiyanu	
161		德倫	delun	馬鬃
162		薩哈琿	sahahūn	微黑

順次	滿語	漢字	羅馬拼音	詞義
163		烏爾欽	urkin	聲響
164		雅里雅勒呼	yali yalhū	肉整木 槽盆
165		旺結	wang giye	唐古特語， 權開廣
166		陸爾	lul	
167		温多囉	wen doro	化道
168		奇格	kige	
169		翁郭羅	onggolo	河岔
170		軒達布	hiyan dabu	拈香
171		伯爾克	berke	蒙古語， 難
172		博紐	bonio	猴

順次	滿語	漢字	羅馬拼音	詞義
173	ᠠᡩᠠ ᠮᠣᠣ	阿達茂	ada moo	筏木
174	ᡝᠵᡝᠯᡝᠨᡝ	額哲埒訥	ejelene	蒙古語，霸佔
175	ᠴᡳᠮᠪᠣ	沁博	cimbo	唐古特語，大
176	ᠶᠠᡵᡠ	雅爾烏	yaru	唐古特語，上
177	ᡨᠠᡥᡡᡵᠠ	塔呼喇	tahūra	蚌
178	ᠵᠠᠯᡤᠠᠨ	扎勒罕	jalgan	壽命
179	ᡩᡠᠪᡝ	都伯	dube	末
180	ᡥᠣᡵ ᡤᡡᠨᠠ	和爾古納	hor gūna	蒙古語，毒三歲牛
181	ᡥᠠᠰᠠᡥᠠ	哈薩哈	hasaha	剪
182	ᠵᡳᠶᠠᠪᠶᡠᠯ	罝卜裕勒	jiyabyul	唐古特語，靠背

順次	滿　語	漢　字	羅馬拼音	詞　義
183	ᠨᡳᠰᡟᡩᡳᠩ	尼賜鼎	nisyding	
184	ᡠᠮᡳᠩ	烏　明	uming	
185	ᠰᠠᠯᡴᡳ ᠪᡠᡥᠠ	薩勒奇 布　哈	salki buha	蒙古語， 風牤牛
186	ᡨᠣᡥᠣᠯᠣᠨ	托和倫	toholon	錫
187	ᠰᡠᡵᡝ ᡥᡡᡨᡠᡵᡳ	蘇呼呼 圖　哩	sure hūturi	聰明福
188	ᡩᠠᡵᠠ	達　喇	dara	腰
189	ᡨᡝᠮᡝᡩᠠᡳ	特默岱	temedai	蒙古語， 有駝之處
190	ᠴᠠᠩᡤᡝ	昌　格	cangge	
191	ᠮᠠᠩᡤᡝ	莽　格	mangge	

順次	滿　語	漢　字	羅馬拼音	詞　義
192		棟　齊	dungci	
193		古　魯 罕　扎	gulu hanja	純廉
194		達　春	dacun	敏捷
195		實　祿	šilu	
196		奇塔特	kitat	蒙古語，漢人
197		阿實達	asida	蒙古語，常
198		薩納台	sanatai	蒙古語，有心人
199		元　格	yuwange	
200		喜　珠	hiju	
201		濟　敦	jidun	山岡
202		愛　罕	aihan	箭把

順次	滿　語	漢　字	羅馬拼音	詞　義
203		重格	jungge	
204		博碩庫	bošokū	領催
205		噶老	galao	蒙古語，鵝
206		和爾	hor	蒙古語，毒
207		呼敦	hūdun	速
208		催格	ts'uige	
209		達格	dage	
210		富均努	fugiyūnnu	
211		魯庫	luku	草木茂盛
212		罕努	hannu	
213		伊習蘭	isilan	

順次	滿 語	漢 字	羅馬拼音	詞 義
214	ᠰᡠᠮᠠᡴᠠ	蘇瑪喀	sumaka	凝氣蔓開
215	ᠪᠣᡩᠣ	博多	bodo	算計
216	ᠴᠣᡴᡳ	綽奇	coki	前奔顱
217	ᡩᡠᠨᡠ	都努	dunu	
218	ᠪᠣᡧᠣᠪᡠ	博碩布	bošobu	令催
219	ᡤᡡᠨᡳ	古尼	gūni	思
220	ᡧᡳᡶᠠᠩᠨᡠ	實芳努	šifangnu	
221	ᠰᡝᠩᡤᡝ	僧格	sengge	唐古特語，獅子
222	ᡠᠯᠠᠨ ᠣᡳ	烏蘭威	ulan oi	蒙古語，紅色樹林
223	ᠶᡝᡵᡳ ᠶᠠᡵ	頁哩 雅爾	yeri yar	唐古特語，荒山之上
224	ᠯᠣᠣᠯ	老爾	lool	

順次	滿語	漢字	羅馬拼音	詞義
225	ᠮᡝᠰᡝ	默色	mese	蒙古語，有刃之器
226	ᠠᡵ ᠣᡳ	阿爾威	ar oi	蒙古語，花紋樹林
227	ᠮᠠᠴᠠᡴ ᠴᡳᠨᠠᡵ	瑪察克齊納爾	macak cinar	蒙古語，坐靜性
228	ᠯᡳᠣᠨᡠ	瑠努	lionu	
229	ᠠᠯᠠᡧᠠᠨ	阿拉善	alašan	駑馬
230	ᡤᡳᡵᡠ	吉嚕	giru	弓胎
231	ᡴᡳᠴᡝᠰᡝᠨ	奇徹森	kicesen	蒙古語，勤
232	ᡩᡝᠯᡨᠠᡳ	德勒台	deltai	蒙古語，有衣服
233	ᠰᡠᡵ ᠵᡳᠰᡠ	蘇爾濟蘇	sur jisu	蒙古語，威容貌

順次	滿　語	漢　字	羅馬拼音	詞　義
234	ᡨᠣᠯᠣᡥᠠᡳ	托羅海	tolohai	蒙古語，頭
235	ᠮᠠᠶᠠᠨ	瑪延	mayan	肘
236	ᡥᠠᡨᠠᠨ	哈坦	hatan	性暴
237	ᠨᡠᡵ	努爾	nur	蒙古語，臉面
238	ᠯᠣᡩᠠᠨ	羅丹	lodan	唐古特語，有智慧人
239	ᡶᡠᠯᡳ	富里	fuli	炙乾魚肉
240	ᠮᠠᡵᡳᠪᡠᡥᠠ	瑪哩布哈	maribuha	已回
241	ᠯᡠᠮᠪᡠ	倫布	lumbu	水流緩貌
242	ᡥᠣᡵᠣᠨ ᡴᡝᠮᡠᠨ	和掄克們	horon kemun	威規矩
243	ᡥᠠᡵᠠᡤᡡᠯ	哈喇古勒	haragūl	蒙古語，哨探
244	ᠸᠠᠰᡳ	斡實	wasi	下降

順次	滿　語	漢　字	羅馬拼音	詞　義
245	ᡥᠠᠰᠠ	哈　薩	hasa	急快
246	ᡬᠣ ᠰᠠᠩ	果　桑	g'o sang	唐古特語，頭好
247	ᡨᠣᠨᠣ	托　諾	tono	門鉋釘
248	ᠵᡠᠵᡠ	珠　珠	juju	
249	ᠠᡵᠵᠠᠨ	阿爾占	arjan	奶酒
250	ᠨᡳᠣᡥᡝ	紐　赫	niohe	狼
251	ᠪᠣᠰᠨᠠ	博斯納	bosna	蒙古語，起立
252	ᠴᠠᠩᠵᡠ	長　珠	cangju	
253	ᡶᡝᠮᡝᠨ	佛　們	femen	唇
254	ᠸᠠᠩ ᠴᡳᠶᡝ	旺　且	wang ciye	唐古特語，權大
255	ᠠᡵᡨᡠ	阿爾圖	artu	蒙古語，有花紋
256	ᡧᡠᠨ	順	šun	日

順次	滿　語	漢　字	羅馬拼音	詞　義
257		福爾	ful	
258		特布赫	tebuhe	已種
259		伊德訥	idene	蒙古語，食
260		濟嚕海	jiruhai	蒙古語，算法
261		州努	jeonu	
262		錫喇 奇爾	sira kir	蒙古語，黃色斑點
263		班第	bandi	唐古特語，小僧
264		福努	funu	
265		錫喇	sira	蒙古語，黃色
266		太師努	taišinu	
267		嘉努	giyanu	

順次	滿　語	漢　字	羅馬拼音	詞　義
268		沃哩赫	werihe	遺留
269		穆達里哈	mudaliha	轉彎
270		博多布	bodobu	令算計
271		阿爾薩哩	arsari	平常
272		布古岱	bugūdai	蒙古語，有鹿之處
273		辰嘉	cengiya	
274		博哈	booha	殽饌
275		瑪哈	maha	蒙古語，肉
276		瑪納	mana	損破
277		果濟	goji	歪指
278		鄂囉納	orona	蒙古語，進
279		頁頁	yeye	煩絮

順次	滿　語	漢　字	羅馬拼音	詞　義
280		奎伊	kuii	蒙古語，羹匙
281		尼敦 巴噶	nidun baga	蒙古語，眼小
282		酬格	ceoge	
283		和斯 實勒	hos sil	蒙古語，雙琉璃
284		錫爾丹	sirdan	梅針箭
285		巴圖嚕	baturu	勇
286		賽必罕	saibigan	痣
287		瑪穆丹	muwa mudan	粗音
288		恬爾	tiyal	

順次	滿語	漢字	羅馬拼音	詞義
289	ᡝᠨᡝ ᡤᡝᡵ	額訥 格爾	ene ger	蒙古語，此室
290	ᡥᠣᡵᠣᠨ	和掄	horon	威
291	ᠰᡠᡴᠰᡠᡥᡠ	蘇克 蘇呼	suksuhu	魚鷹
292	ᠪᠠ ᠨᠠ	巴納	ba na	地方
293	ᠠᡳᠰᡳᠨ	愛新	aisin	金
294	ᠰᠠᡥᠠ	薩哈	saha	已知
295	ᠴᠠᠨᠵᡠᡵᠠ	禪珠喇	canjura	揖
296	ᡨᠣᠣᡥᠠᠨ	陶罕	toohan	帶飾
297	ᡤᠣᠣᠯᡨᡠ	果勒圖	gooltu	蒙古語，有河之處
298	ᡶᡳᠶᠠᠩᡤᡡ	費揚古	fiyanggū	季子

順次	滿　語	漢　字	羅馬拼音	詞　義
299		直　薩	jysa	唐古特語，神名

資料來源：《欽定四庫全書》，「史部」，《欽定金史語解》，卷十二。

表中所列人名，附名物類名稱，共計二九九個，以滿洲語為本，並列漢字。除滿洲語外，還含有頗多源自蒙古語、唐古特語的人名類名稱。表中人名庫色勒（kusel），蒙古語，意即「欲」，卷七十五作「窟斜」。呼哩（hūri），滿洲語，意即「松子」，卷七十六作「斛律」。布壘（burui），蒙古語，意即「傍晚」，卷七十六作「婆羅偎」。拜塔蘭（baitalan），滿洲語，意即「用」，卷七十六作「拔剔隣」。愛新鄂約（aisin oyo），滿洲語，「愛新」，意即「金」，「鄂約」，意即「氈廬頂」，卷七十六作「阿沙兀野」。阿格（age），滿洲語，意即「父母呼子之詞」，卷七十六作「阿渾」。幹布（g'ambu），唐古特語，意即「住持」，語解作「年老」，異，卷七十六作「幹本」。辰德（cende），滿洲語，意即「試」，卷七十六作「醜底」。烏瑪喇（umara），蒙古語，意即「北」，卷七十六作「屋謀魯」。松科（songko），滿洲語，意即「踪跡」，卷七十六作「僧酷」，卷八十一作「雙括」。富勒堅（fulgiyan），滿洲語，意即「紅」，卷七十六作「蒲甲」。哈里（hali），滿洲語，意即「有水寬甸處」，卷七十六作「喝里」。賽音舒嚕（sain šuru），滿洲語，「賽音」，意即「好」，「舒嚕」，意即「珊瑚」，卷七十六作「慎須呂」。摩格（moge），無解義，卷七十七作「摩哥」。

雅穆（yamu），蒙古語，意即「職分」，卷七十七作「牙卯」。都林（dulin），滿洲語，意即「一半」，卷七十七作「奪鄰」。和坦（hotan），蒙古語，意即「城」，卷八十作「胡塔」。和摩爾噶（homorga），蒙古語，意即「圍場」，卷八十作「胡麻谷」。額特布（etebu），滿洲語，意即「令勝」，卷八十作「烏睹本」。和爾台（hortai），蒙古語，意即「物有毒」，卷八十作「胡里特」。雅薩（yasa），滿洲語，意即「目」，卷八十作「陽阿」。綏赫（suihe），滿洲語，意即「綬」，卷八十作「斜喝」，卷一二〇作「斜合」。阿布哩（aburi），滿洲語，意即「戾」，卷八十作「愛拔里」。寧温珠嚕（ninggun juru），滿洲語，「寧温」，意即「六」，「珠嚕」，意即「雙」，卷八十作「濃瑰朮魯」。扎昆（jakūn），滿洲語，意即「八」，卷八十作「札虎」。赫木頗（hempe），滿洲語，意即「結吧」，卷八十一作「鶻謀琶」。和珍（huwejen），滿洲語，意即「屏」，卷八十一作「胡盞」。德哩布（deribu），滿洲語，意即「興起」，卷八十一作「特里補」。阿古圖（agūtu），蒙古語，意即「寬處」，卷八十一作「阿鶻土」。寧嘉（ninggiya），滿洲語，意即「菱角」，卷八十一作「寧吉」。和拜（hobai），滿洲語，意即「印花布」，卷八十一作「胡八」。哲克訥（jekene），滿洲語，意即「往食」，卷八十一作「扎古迺」。

布爾噶蘇（burgasu），蒙古語，意即「叢柳」，卷八十一作「不刺速」。盤尼納（pannina），梵語，意即「有龍地」，卷八十一作「判尼恩納阿」。瑪爾戩直薩（mar jiyan jysa），唐古特語，「瑪爾」，意即「紅色」，「戩」，意即「粧嚴」，「直薩」，意即「食香者」，亦即梵語「乾闥婆」之意譯，卷八十一作「木匠直撒」。温屯（untun），滿洲語，意即「女手鼓」，卷八十一作「兀屯」。和木歡（homhon），滿洲語，意即「刀鞘」，卷八十一作「忽沒渾」。徹辰阿古齊（cecen agūci），蒙古語，「徹辰」，意即「聰明」，「阿古齊」，意即「寬」，卷八十一作「金臣阿古者」。呼爾喀（hūrka），滿洲語，意即「套鳥之套子」，卷八十二作「胡里改」。德克濟布（dekjibu），滿洲語，意即「令長進」，卷八十二作「覿吉補」。伊楞古（ilenggu），滿洲語，意即「舌」，卷八十二作「移剌屋」。伯騰（beten），滿洲語，意即「蚯蚓」，卷八十二作「孛太欲」。玖格（gioge），無解義，卷八十二作「九哥」。

耨埒（neole），梵語，意即「寶鼠」，卷八十二作「耨里」。果巴（g'oba），唐古特語，意即「頭人」，卷八十二作「高八」。布展（bujan），滿洲語，意即「樹林」，卷八十二作「霸哲」，卷一一九作「噴盞」，卷一二四作「奔盞」。洋阿（yangga），滿洲語，意即「油松亮子」，卷八十二作「羊艾」。和木索（homso），滿洲語，意即「梭」，卷八十二作「胡沒速」。珠嚕準（juru jun），滿洲語，「珠嚕」，意即「雙」，「準」，意即「竈」，卷八十二作「朮里者」。摶多（tondo），滿洲語，意即「忠」，卷八十二作「檀朵」，卷一〇一作「彖多」。納罕（nahan），滿洲語，意即「炕」，卷八十三作「納合」。

薩古（sagū），蒙古語，意即「坐」，卷八十四作「掃胡」。色呼琿（serehun），滿洲語，意即「睡臥輕醒」，卷八十四作「厮魯渾」。哲爾格（jerge），蒙古語，意即「等次」，卷八十四作「哲哥」。輝罕（hoihan），滿洲語，意即「圍場」，卷八十四作「回海」。布木（bum），唐古特語，意即「億」，卷八十四作「別木」。額布根（ebugen），蒙古語，意即「老叟」，卷八十四作「屋僕根」。塔坦（tatan），滿洲語，意即「旅寓」，卷八十六作「臺答藹」。扎古（jagū），蒙古語，意即「百」，卷八十六作「照屋」。富埒赫（fulehe），滿洲語，意即「本」、「根」，卷八十六作「蒲离黑」。古頁（guye），滿洲語，意即「刀把頂束」，卷八十六作「國也」。普霞努（pohiyanu），無解義，卷八十六作「蒲轄奴」。穆遜（mūsun），蒙古語，意即「冰」，卷八十六作「馬孫」。罕齊（hanci），滿洲語，意即「近」，卷八十七作「韓赤」。酥格（suge），無解義，卷八十七作「速哥」。鄂囉羅（orolo），滿洲語，意即「頂缺」，卷八十七作「斡里懶」。諸神努（jušennu），無解義，卷八十七作「諸神奴」。富勒哈（fulha），滿洲語，意即「楊樹」，卷八十七作「蒲里海」。蘇拉（sula），滿洲語，意即「閒散」，卷八十七作「挼剌」。薩恰（sakiya），唐古特語，意即「灰白色土」，語解作「地方」，異，卷八十七作「騷洽」。特伯烈（tebeliye），滿洲語，意即「抱」，卷八十八作「忒不魯」，卷一二〇作「脫孛魯」。斡里雅（waliya），滿洲語，意即「棄」，卷八十八作「斡列阿」，卷九十五作「斡魯也」。布敦（budun），滿洲語，意即「懦弱」，卷八十八作「浦都」，卷一二一作「蒲睹」。噶爾薩（garsa），滿洲語，意即「爽利」，卷八十八作「斡盧速」。約博（yobo），滿洲語，意即「詼諧」，卷八十八作「幼阿補」。阿爾噶（arga），滿洲語，意即「術」，卷八十九作「阿里哥」，卷一二一作「阿良葛」，卷一三三作「阿里葛」。辰外爾（cenwail），無解義，卷八十九作「陳外兒」。

伊德爾（ider），蒙古語，意即「壯年」，卷八十九作「移敦列」，卷一一二作「移迪烈」。鄂克多囉（okdoro），滿洲語，意即「迎接」，卷八十九作「屋骨朵魯」。巴格（bage），無解義，卷八十九作「霸哥」。講格（giyangge），無解義，卷九十作「江哥」。察哈爾（cahar），蒙古地名，卷九十一作「查合你」。卓諾（jono），滿洲語，意即「提」，卷九十一作「朮輦」。扎實結（jasi giye），唐古特語，「扎實」，意即「吉祥」，「結」，意即「開廣」，卷九十一作「結什角」。棟戩（dung jiyan），唐古特語，「棟」意即「硨磲」，「戩」，意即「粧嚴」，卷九十一作「董氊」。巴布爾（babur），唐古特語，意即「盒子」，卷九十一作「播逋」。阿爾噶里（argali），滿洲語，意即「母盤羊」，卷九十一作「阿魯古列」。旺古（wang gu），唐古特語，「旺」，意即「權」，「古」，意即「身」，卷九十一作「王五」。巴沁嘉卜（bacin giyab），唐古特語「巴沁」，意即「大勇」，「嘉卜」，意即「保」，卷九十一作「巴氊角」。瑠和（lioho），滿洲語，意即「白條魚」，卷九十一作「留斡」。特頁（teye），滿洲語，意即「歇息」，卷九十一作「愒益」。鴻特默（hūng teme），蒙古語，意即「大駝」，卷九十一作「忽工特滿」。德里（deli），滿洲語，意即「盤石」，卷九十三作「忒隣」。幫圖（bangtu），滿洲語，意即「斗拱」，卷九十三作「盤都」。巴恬努（batiyan nu），無解義，卷九十三作「把添奴」。薩（sa），滿洲語，意即「織凉帽麻草」，卷九十三作「撒」。

布古台（bugūtai），蒙古語，意即「有鹿之處」，卷九十三作「白古帶」。呼巴拉（hūbala），滿洲語，意即「糊」，卷九十三作「胡必剌」。和和（hoho），滿洲語，意即「豆角」，卷九十三作「和火」。塔里琿（talihūn），滿洲語，意即「游移」，卷九十三作「忒里虎」。圖古勒（tugūl），蒙古語，意即「牛犢」，卷九十三作「陁括里」。恬霞努（tiyanhiyanu），無解義，卷九十三作「天下奴」。雅齊堪（yacikan），滿洲語，意即「微青」，卷九十四作「么查剌」，卷一二一作「咬查剌」。安（an），滿洲語，意即「平常」，卷九十四作「唵」。錫伯（sibe），滿洲語，意即「莝草」，卷九十四作「斜婆」。約囉（yoro），滿洲語，意即「骲頭」，卷九十五作「聿魯」。必里克巴噶（bilik baga），蒙古語，「必里克」，意即「志量」，「巴噶」，意即「小」，卷九十五作「必里哥孛瓦」。威喇（oira），蒙古語，意即「近」，卷九十五作「外留」。哈希（hahi），滿洲語，意即「急」，卷九十七作「河西」。華善（hūwašan），滿洲語，意即「僧」，卷九十七作「虎山」。蘇布（subu），滿洲語，意即「解釋」。卷九十七作「宋浦」。伊勒呼（ilhū），滿洲語，意即「一順」，卷九十七作「移剌古」。托摩布（tomobu），滿洲語，意即「令棲止」，卷九十七作「特末阿不」。巴濟拉（bajila），滿洲語，意即「對岸」，卷九十八作「把內喇」。

尼敦（nidun），蒙古語，意即「目」，卷九十八作「乃屯」。雅喇（yara），蒙古語，意即「瘡」，卷九十八作「牙剌」。紐掄（nioron），滿洲語，意即「虹」，卷九十八作「裊懶」。埒爾錦（lergiyen），滿洲語，意即「心志寬大」，卷九十八作「冷京」。佛哩（fori），滿洲語，意即「敲」，卷九十八作「佛留」。伊伯（ibe），滿洲語，意即「前進」，卷九十八作「已彪」。布倫（bulun），滿洲語，意即「車頭」，卷九十八作「孛論」。出軍努（cugiyūnnu），無解義，卷九十八作「出軍奴」。鼎努（dingnu），無解義，卷九十八作「定奴」。烏尼音（uniyen），滿洲語，意即「乳牛」，卷九十九作「烏輦」。扎塔（jata），滿洲語，意即「無能人」、「無能耐」，卷一〇〇作「張鐵」。愛勒（ail），蒙古語，意即「鄰」，卷一〇〇作「愛剌」。雅哈（yaha），滿洲語，意即「無焰火」，卷一〇〇作「牙改」。茂吉達（moo gida），滿洲語，意即「木槍」，卷一〇〇作「毛吉打」。鼎珠（dingju），無解義，卷一〇〇作「鼎朮」。

烏頁爾（uyer），蒙古語，意即「澇」，卷一〇一作「吾也籃」。雅里罕都（yali handu），滿洲語，「雅里」，意即「肉」，「罕都」，意即「稻」。卷一〇一作「余里痕都」。哈噶（haga），滿洲語，意即「骨鯁」，卷一〇一作「花狗」。呼都克（hūduk），蒙古語，意即「井」，卷一〇一作「胡覲」。納丹珠（nadanju），滿洲語，意即「七十」，卷一〇一作「納丹出」，又作「納坦出」。將羅雅爾唐（jiyanglo yartang），唐古特語，「將羅」，意即「南北」，「雅爾唐」，意即「野外」，卷一〇一作「章羅謁蘭冬」。阿凌結（a ring giye ），唐古特語，「阿」，意即「五」，「凌」，意即「長」，「結」，意即「開廣」，卷一〇一作「阿令結」。莽噶嘉們（mangga giyamun），滿洲語，「莽噶」，意即「剛強」，「嘉們」，意即「驛站」，卷一〇一作「忙押們」。實勒們（silmen），滿洲語，意即「鸇」、「雀鷹」、「燕隼」，卷一〇一作「石里們」。奎騰（kuiten），蒙古語，意即「冷」，卷一〇一作「佩頭」。呼爾根（hurgen），滿洲語，意即「犁一具」，卷一〇二作「胡里綱」。額古德（egude），蒙古語，意即「門戶」，卷一〇二作「阿虎德」，卷一二〇作「阿虎迭」。雅爾噶（yarga），滿洲語，意即「豹」，卷一〇二作「牙剌哥」。伍爾（ul），無解義，卷一〇三作「五兒」。

老哈（laoha），蒙古語，意即「目眵」、「眼屎」，卷一〇三作「老斡」。巴哈納（bahana），蒙古語，意即「柱」，卷一〇三作「怕哥輦」。海努（hainu），無解義，卷一〇三作「海奴」。都倫（durun），滿洲語，意即「式樣」，卷一〇三作「獨魯」。都呼（dure ），蒙古語，意即「馬鐙」，卷一〇三作「度移剌」。蒙古勒（monggol），蒙古語，意即「蒙古人」，卷一〇〇作「謀古魯」，卷一一八作「蒙古魯」。穆敦（mudun），滿洲語，意即「山脊」，卷一〇四作「木吞」。扎勒嘉

（jalgiya），滿洲語，意即「通融」，卷一〇四作「扎里吉」。準（jun），滿洲語，意即「竈」，卷一〇四作「猪奮」，卷一一九作「猪糞」。金僧努（ginsengnu），無解義，卷一〇五作「金僧奴」。托色拉（toosela），滿洲語，意即「行權」、「權變」，卷一〇六作「挑思剌」。文格（wenge），無解義，卷一〇六作「文哥」。薩固珠（sagūju），蒙古語，意即「坐」，卷一〇八作「掃吾出」。玖錦（giogin），無解義，卷一〇八作「九斤」。必克楚（bikcu），梵語，意即「比邱」，卷一〇九作「必蘭出」。哈斯罕（hashan），滿洲語，意即「籬」，卷一〇九作「胡撒合」。伯嘉努（begiyanu），無解義，卷一〇九作「百家奴」。德倫（delun），滿洲語，意即「馬鬃」，卷一〇九作「鐵論」。薩哈琿（sahahūn），滿洲語，意即「微黑」，卷一一〇作「撒合問」。烏爾欽（urkin），滿洲語，意即「聲響」，卷一一一作「吾里忻」。雅里雅勒呼（yali yalhū），滿洲語，「雅里」，意即「肉」，「雅勒呼」，意即「整木槽盆」，卷一一一作「姚里雅鶻」。卷一二二作「姚里鴉胡」。旺結（wang giye），唐古特語，「旺」，意即「權」，「結」，意即「開廣」，卷一一一作「萬家」。陸爾（lul），無解義，卷一一一作「六兒」。温多囉（wen doro），滿洲語，「温」，意即「化」，「多囉」，意即「道」，卷一一一作「斡朵羅」。奇格（kige），無解義，卷一一一作「乞哥」。翁鄂羅（onggolo），滿洲語，意即「河岔」，卷一一一作「斡骨欒」，卷一三二作「斡骨剌」。軒達布（hiyan dabu），滿洲語，意即「拈香」，卷一一二作「喊得不」。

伯爾克（berke），蒙古語，意即「難」，卷一一二作「布里哥」。博紐（bonio），滿洲語，意即「猴」，卷一一二作「蒲女」，卷一二四作「伴牛」。阿達茂（ada moo），滿洲語，「阿達」，意即「筏」，「茂」，意即「木」，卷一一二作「按得木」，又作「按忒木」。額哲埒訥（ejelene），蒙古語，意即「霸佔」，卷一一三作「斡轉留奴」。沁博（cimbo），唐古特語，意即「大」，卷一一三作「心波」。雅爾烏（yaru），唐古特語，意即「上」，卷一一三作「牙武」。塔呼喇（tahūra），滿洲語，意即「蚌」，卷一一三作「大和兒」。扎勒罕（jalgan），滿洲語，意即「壽命」，卷一一三作「只魯歡」。都伯（dube），滿洲語，意即「末」，卷一一三作「得伯」。和爾古納（hor gūna），蒙古語，「和爾」，意即「毒」，「古納」，意即「三歲牛」，卷一一三作「回古乃」。哈薩哈（hasaha），滿洲語，意即「剪」，卷一一三作「和速嘉」。罝卜裕勒（jiyabyul），唐古特語，意即「靠背」，卷一一三作「甲玉」。尼賜鼎（nisyding），無解義，卷一一三作「你思丁」。烏明（uming），無解義，卷一一三作「兀名」。薩勒奇布哈（salki buha），蒙古語，「薩勒奇」，意即「風」，「布哈」，意即「牤牛」，卷一一三作「斜里吉不花」。托和倫（toholon），滿洲語，意即「錫」，卷一一四作「脫或欒」。蘇呼呼圖哩（sure hūturi），滿洲語，「蘇呼」，意即「聰明」，「呼圖哩」，意即「福」，卷一一四作「梭魯胡土」。達喇（dara），滿洲語，意即「腰」，卷一一四作「塔剌」，卷一二二作「迪剌」。特默岱（temedai），蒙古語，意即

「有駝之處」，卷一一四作「忒木觶」。昌格（cangge），無解義，卷一一五作「長哥」。莽格（mangge），無解義，卷一一五作「忙哥」。棟齊（dungci），無解義，卷一一五作「董七」。古魯罕扎（gulu hanja），滿洲語，「古魯」，意即「純」，「罕扎」，意即「廉」，卷一一六作「忽魯罕只」。達春（dacun），滿洲語，意即「敏捷」，卷一一六作「探春」。實祿（šilu），無解義，卷一一六作「十六」。

奇塔特（kitat），蒙古語，意即「漢人」，卷一一六作「扢答」。阿實達（asida），蒙古語，意即「常、「永恆的」，卷一一六作「阿失答」。薩納台（sanatai），蒙古語，意即「有心人」，卷一一六作「小乃觶」，卷一一八作「笑乃觶」。元格（yuwange），無解義，卷一一七作「元哥」。喜珠（hiju），無解義，卷一一七作「喜住」。濟敦（jidun），滿洲語，意即「山岡」，卷一一八作「直敦」。愛罕（aihan），滿洲語，意即「箭把」，卷一一八作「呆合」。重格（jungge），無解義，卷一一八作「中哥」。博碩庫（bošokū），滿洲語，意即「領催」，卷一一九作「不如哥」。噶老（galao），蒙古語，意即「鵝」，卷一一九作「栲栳」。和爾（hor），蒙古語，意即「毒」，卷一一九作「虎兒」。呼敦（hūdun），滿洲語，意即「速」，卷一二〇作「忽都」。催格（ts’uige），無解義，卷一二〇作「崔哥」。達格（dage），無解義，卷一二〇作「達哥」。富均努（fugiyūnnu），無解義，卷一二〇作「府君奴」。魯庫（luku），滿洲語，意即「草木茂盛」，卷一二一作「盧葛」。罕努（hannu），無解義，卷一二一作「韓奴」。伊習蘭（isilan），無解義，卷一二一作「移習覽」。蘇瑪喀（sumaka），滿洲語，意即「凝氣蔓開」、「烟氣浮布」，卷一二一作「速沒葛」。博多（bodo），滿洲語，意即「算計」，卷一二一作「頗答」。綽寄（coki），滿洲語，意即「前奔顚」，卷一二一作「綽赤」，卷一三三作「綽質」。都努（dunu），無解義，卷一二一作「都奴」。博碩布（bošobu），滿洲語，意即「令催」，卷一二一作「白撒不」。古尼（gūni），滿洲語，意即「思」，卷一二一作「古與涅」。實芳努（šifangnu），無解義，卷一二一作「十方奴」。

僧格（sengge），唐古特語，意即「獅子」，卷一二二作「僧哥」。烏蘭威（ulan oi），蒙古語，「烏蘭」，意即「紅色」，「威」，意即「樹林」，卷一二二作「兀里偉」。頁哩雅爾（yeri yar），唐古特語，意即「荒山之上」，卷一二二作「姚里雅兒」。老爾（lool），無解義，卷一二二作「老兒」。默色（mese），蒙古語，意即「有刃之器」，卷一二二作「默斯」。阿爾威（ar oi），蒙古語，「阿爾」，意即「花紋」，「威」，意即「樹林」，卷一二二作「阿外」。瑪察克齊納爾（macak cinar），蒙古語，「瑪察克」，意即「齋戒」，語解作「坐靜」，異，「齊納爾」，意即「性」，卷一二二作「梅只乞奴」。瑠努（lionu），無解義，卷一二三作「留奴」。阿拉善（alašan），滿洲語，意即「駑馬」，卷一二三作「呆劉勝」。吉嚕（giru），滿洲語，意即「弓胎」，卷一二三作「糺魯」。奇徹森（kicesen），蒙古語，意即「勤」，卷一二三作「糺陳僧」。德勒台（deltai），蒙古語，意即「有衣服」，卷一二三作「達兒觧」。蘇爾濟蘇（sur jisu），蒙古語，「蘇爾」，意即「威」，「濟蘇」，意即「容貌」，卷一二四作「習禮志思」。托羅海（tolohai），蒙古語，意即「頭」，卷一二四作「脫魯灰」。瑪延（mayan），滿洲語，意即「肘」，卷一二四作「廝因」。哈坦（hatan），滿洲語，意即「性暴」，卷一二四作「合典」。努爾（nur），蒙古語，意即「臉面」，卷一二四作「牛兒」。羅丹（lodan），唐古特語，意即「有智慧人」，卷一二四作「祿大」。富里（fuli），滿洲語，意即「炙乾魚肉」，卷一二五作「蒲烈」。瑪哩布哈（maribuha），滿洲語，意即「已回」，卷一二七作「謀良不可」。倫布（lumbu），滿洲語，意即「水流緩貌」，卷一二八作「魯補」。和掄克們（horon kemun），滿洲語，「和掄」，意即「威」，「克們」，意即「規矩」，卷一二八作「胡里改門」。

哈喇古勒（haragūl），蒙古語，意即「哨探」，卷一二九作「何里骨烈」。斡實（wasi），滿洲語，意即「下降」，卷一二九作「頑犀」。哈薩（hasa），滿洲語，意即「急快」，卷一二九作「胡撒」。果桑（g'o sang），唐古特語，「果」，意即「頭」，「桑」，意即「好」，卷一二九作「高僧」。托諾（tono），滿洲語，意即「門鉋釘」，卷一二九作「屯納」。珠珠（juju），無解義，卷一三〇作「住住」。阿爾占（arjan），滿洲語，意即「奶酒」，卷一三〇作「阿魯真」。紐赫（niohe），滿洲語，意即「狼」，卷一三〇作「女胡」。博斯納（bosna），蒙古語，意即「起立」，卷一三〇作「蒲速乃」。長珠（cnagju），無解義，卷一三〇作「長住」。佛們（femen），滿洲語，意即「唇」，卷一三二作「盆買」。旺且（wang ciye），唐古特語，「旺」，意即「權」，「且」，意即「大」，卷一三二作「王乞」。阿爾圖（artu），蒙古語，意即「有花紋」，卷一三二作「阿里徒」。順（šun），滿洲語，意即「日」，卷一三二作「什温」。福爾（ful），無解義；卷一三二作「福兒」。特布赫（tebuhe），滿洲語，意即「已種」，卷一三二作「陁補火」。伊德訥（idene），蒙古語，意即「食」，卷一三二作「移特輦」。濟嚕海（jiruhai），蒙古語，意即「算法」，卷一三二作「扎里海」。州努（jeonu），無解義，卷一三二作「周奴」。錫喇奇爾（sira kir），蒙古語，「錫喇」，意即「黃色」，「奇爾」，意即「斑點」，卷一三二作「斜烈乞兒」。

班第（bandi），唐古特語，意即「小僧」，卷一三二作「班底」。福努（funu），無解義，卷一三三作「福奴」。錫喇（sira），蒙古語，意即「黃色」，卷一三三作「謝老」。太師努（taišinu），無解義，卷一三三作「太師奴」。嘉努（giyanu），無解義，卷一三三作「家奴」。沃哩赫（werihe），滿洲語，意即「遺留」，卷一三三作「屋里海」。穆達里哈（mudaliha），滿洲語，意即「轉彎」，卷一三三作「沒答涅合」。博多布（bodobu），滿洲語，意即「令算計」，卷一三三作「孛特補」。阿爾薩哩（arsari），滿洲語，意即「平常」，卷一三三作「阿厮列」。布古岱（bugūdai），蒙古語，意即「有鹿之處」，卷一三三作「孛古的」，又作「孛古底」。辰嘉（cengiya）無解義，卷一三三作「陳家」。博哈（booha），滿洲語，意即「殽饌」，卷一三三作「播斡」。

瑪哈（maha），蒙古語，意即「肉」，卷一三三作「麻駭」。瑪納（mana），滿洲語，意即「損破」，卷一三三作「馬腦」。果濟（goji），滿洲語，意即「歪指」，卷一三三作「骨只」。鄂囉納（orona），蒙古語，意即「進」，卷一三三作「斡里衮」。頁頁（yeye），滿洲語，意即「煩絮」，卷一三三作「巖雅」。奎伊（kuii），滿洲語，意即「羹匙」，語解作「蒙古語」，訛誤，卷一三三作「窟域」。尼敦巴噶（nidun baga），蒙古語，意即「眼小」，卷一三三作「泥本婆果」。酬格（ceoge），無解義，卷一三三作「醜哥」。和斯實勒（hos sil），蒙古語，「和斯」，意即「雙」，「實勒」，意即「琉璃」，卷一三四作「忽三十」。錫爾丹（sirdan），滿洲語，意即「梅針箭」，卷一三五作「祥丹」。巴圖嚕（baturu），滿洲語，意即「勇」，卷一三五作「傍都里」。賽必罕（saibigan），滿洲語，意即「痣」，卷一三五作「昔必罕」。瑪穆丹（muwa mudan），滿洲語，「瑪」，意即「粗」，「穆丹」，意即「音」，卷一三五作「麻潓太灣」。恬爾（tiyal），無解義，卷一三五作「添兒」。額訥格爾（ene ger），名物，蒙古語，意即「此室」，卷一作「納葛里」。和掄（horon），滿洲語，意即「威」，卷一作「活羅」。蘇克蘇呼（suksuhu），滿洲語，意即「魚鷹」，卷八作「速撒海」。巴納（ba na），滿洲語，意即「地方」，卷十一作「捺鉢」。愛新（aisin），滿洲語，意即「金」，卷二十四作「按出虎」。薩哈（saha），滿洲語，意即「已知」，卷二十四作「撒合」。禪珠喇（canjura），滿洲語，意即「揖」，卷三十五作「撒速」。陶罕（toohan），滿洲語，意即「帶飾」、「帶板」，卷四十三作「吐鶻」。果勒圖（gooltu），蒙古語，意即「有河之處」，卷六十四作「骨睹」。費揚古（fiyanggū），滿洲語，意即「季子」，卷六十八作「蒲陽温」。直薩（jysa），唐古特語，意即「神名」，卷一三三作「直撒」。

《金史》在遼、金、元三史中，堪稱良史，體例嚴整。女真為金朝統治民族，以滿洲語為本。《金史》一面繼承歷代修史的理論基礎，同時也帶有民族統治的思想特點。《欽定金史語解》凡十二卷，首君名，附以后妃、皇子，次部族，次地理，次職官，附以軍名，次姓氏，次人名，附以名物，共六門，詞彙豐富。對研究滿洲語文發展提供許多珍貴資料。